Materie – Material – Materialität

Disziplinäre Annäherungen

d|u|p

materialisierungen 3

Andrea von Hülsen-Esch, Ricarda Bauschke-Hartung, Vittoria Borsò, Reinhold Görling, Hans Körner, Achim Landwehr, Roger Lüdeke, Eva Schlotheuber, Timo Skrandies, Jürgen Wiener (Hg.)

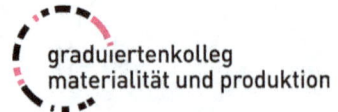

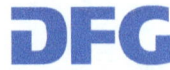

Andrea von Hülsen-Esch (Hg.)
Materie – Material – Materialität
Disziplinäre Annäherungen

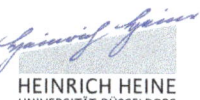

d|u|p

Bibliografische Information der Deutschen Nationalbibliothek
Die Deutsche Nationalbibliothek verzeichnet diese Publikation in der
Deutschen Nationalbibliografie; detaillierte bibliografische Daten sind
im Internet über http://dnb.dnb.de abrufbar.

© düsseldorf university press, Düsseldorf 2016
http://www.dupress.de
Lektorat: Eileen Simonow
Satz, Layout und Umschlaggestaltung: Hannah Reller
Coverbild: Locmariaquer Table des Marchand (interieur); CC BY-SA 3.0;
https://de.wikipedia.org/wiki/Locmariaquer#/media/
File: Locmariaquer_Table_des_Marchand_%28interieur%29.jpg (Zugriff 2.12.2015)
Herstellung: docupoint GmbH, Barleben

Der Fließtext ist gesetzt in Adobe Garamond Pro
ISBN: 978-3-95758-029-0

Inhalt

Andrea von Hülsen-Esch
Materie – Material – Materialität 7

Alain Schnapp
Abdrücke, Abgüsse, Spuren in Morgen- und Abendland.
Lexik der Ruine 21

Emanuele Coccia
Medialität als bildliche Materialität.
Medium und sinnliche Materie in der aristotelischen Tradition 49

Philipp Erchinger
Art as Process and Skill:
On the Work of Literature in Wilkie Collins and Robert Browning 59

Pamela Geldmacher
Aktionistische Stille oder stillgestellte Aktion?
Der Ruhende Verkehr von Wolf Vostell 79

Die Autoren 93

symposium
"materie – material – materialität. disziplinäre annäherungen"

9.15 uhr
alain schnapp · paris
materialität und immaterialität von ruinen

10.00 uhr
barbara schellewald · basel
mosaik – licht. materialität und bildtheorie

10.45 uhr
kaffeepause

11.15 uhr
emanuele coccia · paris
materia extranea. materie als bedingung der medialität in der mittelalterlichen aristotelischen erkenntnistheorie

12.00 uhr
philipp erchinger · düsseldorf/exeter
kunstfertigkeit: materialität und kreativität in viktorianischer literatur

12.45 uhr
pamela geldmacher · düsseldorf
stillgestelltes material? überlegungen zu wolf vostells *ruhendem verkehr*

13.30 uhr
abschlussdiskussion

12. dezember 2013 · haus der universität

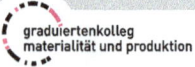
graduiertenkolleg
materialität und produktion

Materie – Material – Materialität

Andrea von Hülsen-Esch

‚Materie', ‚Material' und ‚Materialität' sind zentrale Begriffe der Philosophie, der Naturwissenschaften, der Technowissenschaften, in Gesellschaftstheorien und eben auch in Ästhetik und Kulturgeschichte. Die Auseinandersetzung mit dieser Trias ist weitreichend und wurde in Bezug auf die Wahrnehmung symbolischer Sinnprozesse in der künstlerischen und gesellschaftlichen Produktion in den letzten Jahrzehnten verschiedentlich aufgenommen.[1]

Diesen Faden greifen auch die in diesem Band versammelten Aufsätze auf, beziehen dabei aber eine Akzentverschiebung aus den Diskussionen des Graduiertenkollegs „Materialität und Produktion" mit ein: Hier wurde der Fokus von dem oftmals instrumentellen Verständnis der Rolle von Material und Materialität in der aktuellen Forschung auf die Untersuchung der Eigendynamik von Materialität verlagert. Das Material ist zwar das Gegebene, das sich physikalisch bzw. chemisch bestimmen lässt, doch lässt sich Material nur durch die Erfahrung seiner Materialität begreifen: Materialität konstituiert sich durch die existenzielle und ästhetische Erfahrung von Schwere, Leichtigkeit u. a., durch historische und kulturelle Codierung von Materialien, durch je andere Materialbewertungen, durch die spezifische Oberflächenwirkung, durch Widerständigkeit und Eigenaktivität des Materials und auch durch eine besondere, formale Zurichtung von Seiten des Künstlers.[2]

So kann Materialität im künstlerischen Prozess instrumentalisiert werden, sie kann Thema des künstlerischen Produktionsprozesses sein, sie kann sich aber auch gegen den Willen des Künstlers – etwa im Alterungsprozess des Kunstwerks – im Werk be-

---

[1] Vgl. bspw. Achim Barsch / Olaf Gätje (Hg.), *Materialität und Medialität von Schrift und Text*, München 2013; Dieter Mersch / Monika Wagner, *Was sich zeigt. Materialität, Präsenz, Ereignis*, München 2002; Konrad Ehrlich / Erika Greber / Jan-Dirk Müller (Hg.), *Materialität und Medialität von Schrift* (= Schrift und Bild in Bewegung, Bd. 1), Berlin 2002; Monika Wagner, *Das Material der Kunst. Eine andere Geschichte der Moderne*, München 2001; Georges Didi-Huberman, *Die Ordnung des Materials. Plastizität, Unbehagen, Nachleben* (= Vorträge aus dem Warburg-Haus, Bd. 3), Berlin 1999; Thomas Raff, *Die Sprache der Materialien. Anleitung zu einer Ikonologie der Werkstoffe* (= Kunstwissenschaftliche Studien, Bd. 61), München 1994.

[2] Marianne Koos, *Haut, Farbe und Medialität. Oberfläche im Werk von Jean-Etienne Liotard (1702–1789)*, Paderborn 2014; Ittai Weinryb, Living Matter: Materiality, Maker, and Ornament in the Middle Ages, in: *Gesta* 52 (2013), S. 113–132.

haupten. Der Begriff von ‚Materialität' schließt also auch die sinnlich wahrnehmbare Konkretisierung und auch eigenständige Verkörperung von Zeichen, Zahlen, Symbolen, also von Sprach-, Bild- und Dingkörpern ein.

Wenngleich sich die Forschung in den vergangenen zehn Jahren gerade auf den Begriff der Materialität fokussiert zu haben scheint[3], so wird doch, etwa bei der *material history*, die Eigendynamik und Prozessualität von Material und Materialität zugunsten eines instrumentellen Werkstoff- und Produktionsverständnisses des Materials, ihrer Bedeutung und Geschichte übersehen.[4] Auch die Frage, inwiefern Objekte materieller Kultur Bedeutungen, Praktiken und Ordnungen erzeugen und prägen, die im Zentrum neuester Forschungen stehen, geht nicht weit genug.[5] Alle diese Ansätze erfassen Materialität in Kunst und Kultur als Materialforschung im Sinne des komplexen Zusammenspiels von Stoffen, ihrer Zusammensetzung, der verwendeten Technologie und ihrer künstlerischen oder kulturellen Aussage oder medialen Semantik des Materials. In den Kultur- und Sozialwissenschaften besteht ein Interesse an sprach- und diskurstheoretisch angeleiteten Theorie- und Methodenkonzepten zur materiellen Kultur (*material culture*).[6] Dabei ist allerdings weitgehend ungeklärt, worin die Materialität von Kultur besteht. Der Blick auf die Materialität scheint vor diesem Hintergrund neue Einsichten zu ermöglichen, weil dadurch die etablierten Trennungen zwischen Natur und Kultur, Ding und Mensch, Objekt und Subjekt befragbar gemacht und die Hybridität des Materiellen sowie seine Teilhabe an beiden Sphären in den Mittelpunkt gerückt werden kann.

Analog lässt sich das für den Fokus auf die Begriffstrias Materie, Material, Materialität sagen: Auch hier ist es sinnvoll, von einer in der Gegebenheit von Materie und Material mitlaufenden *Materialität* auszugehen – diese wird wirksam als ästhetischer

---

[3] Vgl. für einen Überblick zur modernen und zeitgenössischen Kunst des 20. und 21. Jahrhunderts Petra Lange-Berndt, *Materiality*, Cambridge Mass. 2015.

[4] Siehe z. B. Joanne Bailey, Meditating on Materiality, in: *Cultural History* 3 (2014), S. 190–198; Harvey Green, Cultural History and the Material(s) Turn, in: *Cultural History* 1 (2012), S. 61–82; Tony Bennet / Patrick Joyce (Hg.), *Material Powers. Cultural Studies, History and the Material Turn*, London / New York 2010; Hans Ulrich Gumbrecht / Karl-Ludwig Pfeiffer (Hg.), *Materialität der Kommunikation*, Frankfurt a. M. 1988.

[5] Vgl. hierzu bspw. das Programm des internationalen Morphomata-Kollegs an der Universität zu Köln für das Jahr 2010.

[6] Daniel Miller (Hg.), *Material Cultures. Why some Things Matter*, Chicago 1998; Manfred K. H. Eggert / Hans Peter Hahn / Stefanie Samida (Hg.), *Handbuch Materielle Kultur. Bedeutungen, Konzepte, Disziplinen*, Stuttgart 2014.

Eigenwert bzw. Eigensinn des Materials, der einem lediglich an Ordnung und Wert des Stofflichen interessierten Blick entgeht.[7] Beispielhaft sollen kurz diesbezüglich ausgewählte Arbeitsgebiete aus dem Graduiertenkolleg vorgestellt werden: Die Frage nach einem – im Sinne des frühneuzeitlichen *decorum*-Begriffs angemessenen – Materialeinsatz prägte bereits in den frühneuzeitlichen Jahrhunderten die Gartenkunst. Zu beobachten sind hier billigere Surrogate und zugleich eine synästhetische Ausweitung des Materialrepertoires, das auch mit dem materiellen Eigensinn – bis hin zur Selbstzerstörung – kalkuliert.[8] In anderer Weise gilt es, die Materialgerechtigkeiten bei Werken der Schatzkunst zu berücksichtigen: Hier hat sich gezeigt, dass die Verwendung spezifischer Materialien eng mit dem Wissen um die Herkunft des Materials und die Produktion von immateriellen Werten verbunden ist.[9] Wenn der ästhetische Eigenwert aber in Korrelation mit dem räumlich und zeitlich geprägten Wissen zu sehen ist, führt dies weitergehend zu der Frage, worin die Materialität der Kultur und die kulturelle Produktion bestehen. Hier haben sich in den gemeinsamen Forschungsveranstaltungen und in der Arbeit an den einzelnen Projekten die Operationen, die die Relation von Materialität und Produktion stiften, herauskristallisiert. Diese sind unter anderem die Materialisierung als sinnlich wahrnehmbare Konkretisierung[10], als technisch-mediale Exposition

---

[7] Vgl. Vittoria Borsò, Bocaccios Dekameron, der affektive Leib und die Materialität der Emotionen. Überlegungen zum spätmittelalterlichen Materie-Begriff, in: Christoph Kann (Hg.), *Emotionen in Mittelalter und Renaissance*, Düsseldorf 2014, S. 295–324.

[8] Vgl. Jürgen Wiener, Die Tränen der Verliebten. Wasser und andere mimetische Materialien in der frühneuzeitlichen Gartenskulptur, in: Andrea von Hülsen-Esch (Hg.), *Ephemere Materialien*, Düsseldorf 2015, S. 79–144; ders., Metamorphose Mimesis Material. Schöpfungsmythen bei Ovid und Vergil und die Grotta Grande des Boboligartens in Florenz, in: Wilhelm Busse (Hg.), *Schöpfung in Mittelalter und Renaissance*, Düsseldorf 2013, S. 117–158.

[9] Siehe Andrea von Hülsen-Esch, Schatzkammern in Nordrhein-Westfalen – ungehobene Schätze für die Forschung, in: Jens Lieven / Michael Schlagheck / Barbara Welzel (Hg.), *Netzwerke der Memoria*, Essen 2013, S. 71–84; dies., Handwerker oder Künstler: Vom Wertewandel in der Kunstproduktion, in: Jürgen Wiener (Hg.), *Der Wert der Arbeit. Annäherungen an ein kulturelles Paradigma in Mittelalter, Neuzeit und Moderne*, Düsseldorf 2015, S. 209–245.

[10] Sergej Rickenbacher, Interview „Arne Leopold über Kästchen, Material und Produktion", in: *Materialität & Produktion. GRK 1678 an der Heinrich-Heine-Universität Düsseldorf* (11.12.2014), URL: http://grk1678.hypotheses.org/277 vom 17.10.2016.

des Arbeits- und Produktionsprozesses[11] oder mittels Überschussästhetik.[12] Dazu gehören Strategien zur materiellen Erfahrbarkeit sinnlicher Arbeit[13], aber genauso die bewusste Hervorkehrung der Materialprozesse oder umgekehrt die Inszenierung des Werks als Ereignis mit immaterieller bzw. nicht produkthafter Qualität[14] bis hin zur Ausdifferenziertheit des Produktionsbegriffes.[15] Dabei ist die Eigenständigkeit und Ereignishaftigkeit der Materialisierungsprozesse zu betonen, so etwa bei der spezifischen Oberflächenwirkung nicht nur mittels einer besonderen Zurichtung von Seiten des Künstlers, sondern auch durch die Widerständigkeit und Eigenaktivität des Materials, beispielsweise im Zusammenhang mit Agenten wie Witterung, Zeitlichkeit und Bewegung.[16] Zunehmend fragen auch Materialstudien insbesondere in kunsthistorischen und historischen Projekten nach der Beziehung des Eigenwertes des Materials zu einer derart beschreibbaren Dynamik von Materialität und Produktion.[17] Dieser Eigenwert des Materials steht auch in unmittelbarem Zusammenhang mit den vielseitigen Facetten des Begriffs der ‚Materialität': Am Beispiel der bereits angeführten

---

[11] Cecilia Valenti, Abfall für alle. Blob als experimentelles Fernsehtagebuch, in: Christian Hammes / Klaus Krüger / Matthias Weiß (Hg.), *Kunst (im) Fernsehen*, Paderborn 2015, S. 39–55.

[12] Grundlegend Bernhard Waldenfels, *Sinne & Künste im Wechselspiel. Modi ästhetischer Erfahrung*, Frankfurt am Main 2010; vgl. z. B. für den Bereich der Architektur Matthew Mindrup (Hg.), *The Material Imagination. Reveries on Architecture and Matter*, Farnham u. a. 2015; für die Literatur Hans Ulrich Gumbrecht, How (if at All) Can We Encounter What Remains Latent in Texts?, in: *Partial Answers: Journal of Literature and the History of Ideas* 7/1 (2009), S. 87–96.

[13] Friederike Sigler, How to Animate Images or: On the Production of Precarious Labour, in: Camila Maroja / Caroline Menezes / Fabrizio Augusto Poltronieri (Hg.), *The Permanence of the Transient: Precariousness in Art*, Newcastle 2014, S. 44–56.

[14] Andrea von Hülsen-Esch / Dirk Pörschmann (Hg.), *The Medium of Light in the Context of the Neo-Avant-garde of the 1950s and 1960s*, Düsseldorf 2013; Czirr, Sarah: „Mein höherer Traum betrifft die Projektion des Lichts in den großen Nachthimmel". Die Plastik *Licht und Bewegung* von Otto Piene, in: *Publikation des Projektes StadtLabor*, Köln 2015, S. 169–174.

[15] Maike Vollmer, Noch nicht Bild – Zur Funktion der Performativität im zeitgenössischen Tanz, in: Bernhard Dieckmann / Hans Malmede / Katrin Ullmann (Hg.), *Identität Bewegung Inszenierung. Düsseldorfer Schriften zu Kultur und Medien*, Frankfurt am Main 2010, S. 225–237.

[16] Vgl. Jürgen Wiener, Die Tränen der Verliebten (wie Anm. 8), passim; ferner Hanna Baro, Spuren der Zeit. Alterungsprozesse und ihre Körpermetaphorik in der Kunst, in: Max Bolze / Cordula Endter / Marie Gunreben / Sven Schwabe / Eva Styn (Hg.), *Prozesse des Alterns*, Bielefeld 2015, S. 109–134 und dies., Vom Werden und Vergehen des Materials. Anfänge der Leinwandmalerei um 1500 in Italien, in: Ephemere Materialien (wie Anm. 6), S. 11–76.

[17] Vgl. demnächst: Gina Möller, *Päpstliche Kapellenausstattungen des 16. Jahrhunderts. Buntmarmor, Materialästhetik und Kunstpatronage in post-tridentinischer Zeit* (= Materialität und Produktion, Bd. 2), Düsseldorf 2017; Gesa Bartholomeyczik, *Materialkonzepte. Die Kombination von Materialien in der deutschen Plastik nach 1960* (= Europäische Hochschulschriften, Bd. 260), Paris / Wien 1996.

Schatzkunst lässt sich insbesondere der Zusammenhang von Eigenwert des Materials, Materialverwendung, Materialwirkung und Materialbewertung im Kunstwerk diskutieren, aber auch der Zusammenhang von Materialbewertung und Materialität und die Veränderung der Produktion aufzeigen.[18] Diesem Themenbereich sind auch Studien zum „Realitätscharakter" und zur differenzierenden Erforschung der Materialität von Malerei und plastischem Kunstwerk zuzuordnen, die sich etwa mit dem Wirklichkeitsanspruch, den Oberflächenstrukturen und Oberflächenwirkungen von Plastiken oder der Beziehung von Plastik und Tastwahrnehmung widmen.[19] Aus der eingehenden Beschäftigung mit der differenzierten begrifflichen Entfaltung und den Wechselwirkungen von Materialität und Produktion ergab sich anhand der Untersuchungen historischen und empirischen Materials: Die Erörterung von Materialität und Produktion als relationale Größen macht begriffliche, phänomenale und historische Zusammenhänge auf neue Weise sichtbar, analysierbar und kritisierbar.

---

[18] Bruno Reudenbach, „Gold ist Schlamm". Anmerkungen zur Materialbewertung im Mittelalter, in: Dietmar Rübel / Monika Wagner (Hg.), *Material in Kunst und Alltag* (= Hamburger Forschungen zur Kunstgeschichte, Bd. 1), Berlin 2002, S. 1–12; Hülsen-Esch, Handwerker oder Künstler (wie Anm. 9), S. 209–245; Andrea von Hülsen-Esch, Schatzkammern in Nordrhein-Westfalen – ungehobene Schätze für die Forschung, in: Jens Lieven / Michael Schlagheck / Barbara Welzel (Hg.), *Netzwerke der Memoria*, Essen 2013, S. 71–84 und dies., Zu Funktion und Beständen von kirchlichen Schatzkammern im Mittelalter, in: Albert Damblon / Birgitta Falk / Andrea von Hülsen-Esch / Karlheinz Wiegmann (Hg.), *Dem Himmel ein bisschen näher. Die Schatzkammer der Münsterkirche in Mönchengladbach*, Mönchengladbach 2013, S. 37–43.

[19] Christoph Cox / Henny Jaskey / Suhail Malik (Hg.), *Realism. Materialism. Art*, Berlin 2015; Marcel Finke, *Prekäre Oberflächen. Zur Materialität des Bildes und des Körpers am Beispiel der künstlerischen Praxis Francis Bacons*, Berlin / München 2015; Marianne Koos, *Haut, Farbe und Medialität. Oberfläche im Werk von Jean-Etienne Liotard (1702–1789)*, Paderborn 2014; Kristina Dolata, Affektdarstellung und Naturnachahmung in Falconets *Milon von Kroton*, in: Tomas Macsotay / Johannes Myssok (Hg.), *MORCEAUX. Die bildhauerischen Aufnahmestücke europäischer Kunstakademien im 18. und 19. Jahrhundert* (= Studien zur Kunst, Bd. 36), Wien / Köln / Weimar 2016, S. 69–89; Hans Körner, Die „Träume" der Kunst und die Erschaffung der unwirklichen Dinge. Ornamentale „Kunst-Stoffe" und Ornament-Figuren, in: Wilhelm G. Busse (Hg.), *Schöpfung: Varianten einer Weltsicht* (= Studia humaniora. Düsseldorfer Studien zu Mittelalter und Renaissance, Bd. 46), Düsseldorf 2013, S. 159–204; ders., Giovanni Gonnelli. Quellen und Fragen zum Werk eines blinden Bildhauers, in: Johannes Bilstein / Guido Reuter (Hg.), *Auge und Hand*, Oberhausen 2011, S. 135–154; ders., The Invisible Hand. Distant Touch and Aesthetic Feelings in the Late 18th Century, in: *Predella* Nr. 29 (2011), S. 109–121; ders., „Die Epidermis der Statue". Oberflächen der Skulptur vom späten 17. bis zum frühen 19. Jahrhundert, in: Daniela Bohde / Mechthild Fend (Hg.), *Weder Haut noch Fleisch. Das Inkarnat in der Kunstgeschichte* (= Neue Frankfurter Forschungen zur Kunst, Bd. 3), Berlin 2007, S. 105–132.

Hierzu gehört auch die Untersuchung des Potentials der Materialität, etwa wenn man die Produktivität der Materialisierung als Zusammenspiel von Immateriellem und Materiellem begreift. Tatsächlich ist das Material zwar physisch, wird aber erst im Materialisierungsprozess, d. h. in der Begegnung von Körperlichem und Immateriellem wahrgenommen.[20] Dies ist heute für die Analyse des Potentials von Kulturtechniken, aber auch von konkreten Objekten wie beispielsweise der Schatzkunst, fundamental.[21] Zugleich kann das der Materialität inhärente Reservoir von Potentialitäten für eine weitere Ausdifferenzierung des gerade skizzierten Ansatzes fruchtbar gemacht werden: Das Potential der Materialität wird, wie oben beschrieben, erst in der Interaktion mit Immateriellem aktualisiert.[22] Umgekehrt benötigt das Immaterielle stets materielle Mittler, um kreativ und wirksam zu werden. Dabei sind Zeit, Raum und Bewegung ebenso Agenten der Ereignishaftigkeit im Materialisierungsvorgang wie der Verständnisrahmen oder Erfahrungen, auf denen sie aufbauen. Sie haben somit eine zutiefst historische Dimension, die erst die Berücksichtigung des Prozesshaften erkennbar werden lässt. Das ist beispielsweise bei Prozessionen ebenso nachzuvollziehen wie in der Gartenkunst, im modernen Tanz oder bei der Lichtkunst.[23] Aber auch in Bezug auf die Schriftbildlichkeit kann eine Betrachtung des Materialisierungsprozesses unter Berücksichtigung der Agenten zu anderen Perspektiven führen, etwa wenn Schrift als ein Produktionsraum untersucht wird, in dem die Materialität des Sichtbaren durch die Immaterialität der Diskurse zwar organisiert wird, aber so, dass durch die Eigendynamik der Materialität dissipative, ereignishafte Anordnungen hervorgebracht werden. Diese Spannung zwischen Diskurs einerseits und quelleninduzierter, materieller Basis sinnlicher Erfahrung andererseits, lässt sich zum Beispiel an mittelalterlichen literarischen und historischen Texten nachweisen und für ein Verständnis von neuen

---

[20] Vittoria Borsò, On the Threshold between Visibility and Sayability: The Event of Visuality in the Materiality of the Image, in: Alexis Nuselovici / Mauro Ponzi / Fabio Vighi (Hg.), *Between Urban Topographies and Political Spaces. Threshold Experiences,* Plymouth 2014, S. 129–142.

[21] Gernot Grube / Werner Kogge / Sybille Krämer (Hg.), *Schrift. Kulturtechnik zwischen Auge, Hand und Maschine* (= Kulturtechnik), München 2005.

[22] Vgl. Vittoria Borsò, Dante Alighieri und die virtus der geistigen Arbeit: Übergänge zwischen Materialität und Immaterialität, in: Jürgen Wiener (Hg.), *Der Wert der Arbeit. Annäherungen an ein kulturelles Paradigma in Mittelalter, Neuzeit und Moderne* (= Studia Humaniora, Bd. 47), Düsseldorf 2014, S. 275–300.

[23] Vgl. z. B. die Beiträge in Hülsen-Esch (Hg.), Ephemere Materialien (wie Anm. 8).

Ordnungen fruchtbar machen.[24] Dabei wurde durch Überlieferungsverluste nur ein Ausschnitt der Materialisierungen tradiert, was einerseits den ereignishaften Charakter des einzelnen Manuskriptes unterstreicht, andererseits aber durch die der Überlieferung insgesamt innewohnende Kontingenz nicht überbewertet werden darf. Dadurch werden in historischen Untersuchungen mithin grundsätzlich nur zufällig tradierte Materialisierungsoptionen untersucht, die sich unter bestimmten historischen Umständen aktualisiert haben.

Materialisierungsprozesse können jedoch nicht erörtert werden, ohne den umgekehrten Prozess zu berücksichtigen: denjenigen der Dematerialisierung. Hierbei gilt es zu unterscheiden zwischen der Dematerialisierung im Hinblick auf Zerstörung und der Dematerialisierung, die zugleich die Produktion von etwas Neuem bedeutet, wie es etwa auch der Beitrag von Alain Schnapp über die Ruinen vor Augen führt.[25] Der Dematerialisierung steht aber auch die durch die Widerständigkeit der Materialität ästhetisch vermittelte Präsenz der Dinge gegenüber, so etwa wenn einem spirituell aufgeladenen Künstler- und Kunstbegriff ein Bedürfnis nach Handfestigkeit

---

[24] So etwa mit Blick auf die Ausprägung eines literarischen Stils die Beiträge in: Elizabeth Andersen / Ricarda Bauschke / Nicola McLelland / Silvia Reuvekamp (Hg.), *Literarischer Stil. Mittelalterliche Literatur zwischen Konvention und Innovation. XXII. Anglo German Colloquium Düsseldorf* (2011), Berlin 2015; vgl. auch Ricarda Bauschke-Hartung, Kulturtransfer und Identitätsbildung. Mit einem Ausblick auf die Lyrik Reinmars, in: Manfred Eikelmann / Udo Friedrich (Hg.), *Praktiken europäischer Traditionsbildung im Mittelalter. Wissen – Literatur – Mythos*, Berlin 2013, S. 29–56; vgl. die Fruchtbarmachung des Ansatzes in den Forschungen zu mittelalterlichen Frauenklöstern, speziell bei der Ausbildung immaterieller Wissenshierarchien, Vorstellungen und Ordnungen, die die Nonnen als Teil ihrer spirituellen Aufgabe begriffen: Almut Breitenbach / Patrizia Carmassi / Eva Schlotheuber, *Schriftkultur und religiöse Zentren im norddeutschen Raum* (= Wolfenbütteler Mittelalter-Studien, Bd. 24), Wiesbaden 2014; Jeffrey Hamburger / Eva Schlotheuber, Books in Women's Hands: Liturgy, Learning and the Libraries of Dominican Nuns in Westphalia, in: Nicole Bériou / Martin Morard (Hg.), *Entre stabilité et itinérance: Livres et culture des ordres mendiants (13e–15e siècle). Colloque de clôture des travaux du groupe de recherche «Les frères et les sœurs des ordres mendiants et leurs livres»* (Paris, 19.–20. Nov. 2010), Turnhout 2014, S. 129–157; Elizabeth Andersen / Ricarda Bauschke / Nicola McLelland / Silvia Reuvekamp (Hg.), *Literarischer Stil. Mittelalterliche Literatur zwischen Konvention und Innovation. XXII. Anglo German Colloquium Düsseldorf* (2011), Berlin 2015; vgl. auch Ricarda Bauschke-Hartung, Kulturtransfer und Identitätsbildung. Mit einem Ausblick auf die Lyrik Reinmars, in: Manfred Eikelmann / Udo Friedrich (Hg.), *Praktiken europäischer Traditionsbildung im Mittelalter. Wissen – Literatur – Mythos*, Berlin 2013, S. 29–56.

[25] Vgl. zum ersten Aspekt Reinhold Görling, *Szenen der Gewalt. Folter und Film von Rossellini bis Bigelow*, Bielefeld 2014; ders., Performativität und Gewalt: Zur Destruktivität der Folter, in: Erika Fischer-Lichte / Kristiane Hasselmann (Hg.), *Performing the Future*, München 2013, S. 53–72; zum Beitrag von Alain Schnapp s. S. 13–47 in diesem Band.

und Handgreiflichkeit in der ästhetischen Erfahrung gegenübersteht.[26] Im Bereich der mittelalterlichen Schatzkunst, auf den noch ein wenig ausführlicher eingegangen werden soll, hingegen entspricht dem spirituell aufgeladenen Kunstbegriff ein durch die Materialität aufgeladener immaterieller Wert (bis hin zur Transzendenz), mit dem kein materielles Produkt korreliert. Dematerialisierung und Materialisierung haben zweifelsohne Einfluss auf die Wahrnehmung: Sie unterbrechen die selektiv-kognitive Arbeit der Wahrnehmung und formen diese durch eine sinnliche, körperliche, pathetisch-affektive Aufladung.

Einen weiteren, wichtigen Bereich der Materialisierung, der hier nur kurz genannt werden soll, betrifft das Verhältnis von Materialität und Medialität: Beide referieren auf den Spurenraum des Werdens kultureller Phänomene, insofern sie erst in ihrer Materialisierung wahrgenommen werden. Materialität ist die Bedingung und die Potentialität, die kulturelle Phänomene ermöglicht und aus der heraus sie entstehen.[27]

Die folgenden Ausführungen sollen diese Potentialität für den Bereich der sogenannten ‚Schatzkunst' kurz anreißen und den damit verbundenen Fragenhorizont im Hinblick auf die mit der Relation von Material und Materialisierung verbundenen, kulturell determinierten Bewertung aufspannen. Die Objekte, die in Kirchenschätzen aufbewahrt wurden, rangieren heute meistens unter der Bezeichnung ‚Schatzkunst' und hatten zu allen Zeiten einen besonderen Stellenwert, wobei dieser Wert nicht an bestimmte Materialien gebunden war. *Thesaurus*, als Bezeichnung für ‚Schatz' und ‚Schatzhaus' aus dem Altgriechischen ins Lateinische übernommen, erhält im Zusammenhang mit den für den liturgischen Gebrauch gefertigten Gerätschaften auch die Bedeutung von ‚Tresor', womit zugleich die Ansammlung materieller wie auch immaterieller Schätze gemeint ist.[28] Das, was unter die ‚Schatzkunst' gefasst wird, ist

---

[26] Hans Körner, The Invisible Hand (wie Anm. 19), S. 109–121.

[27] Martin Bartelmus / Sergej Rickenbacher et. al., Tagungsbericht Materielle Mediationen im deutsch-französischen Dialog/Médiations matérielles et dialogues franco-allemands (IEA Paris, 18.–20. März 2015), in: *Materialität & Produktion. GRK 1678 an der Heinrich-Heine-Universität Düsseldorf* (30.03.2015), URL: http://grk1678.hypotheses.org/473 vom 17.10.2016; vgl. demnächst das gleichnamige Buch in der Reihe „materialität und produktion" des Graduiertenkollegs; Timo Skrandies, *Die Natur der Kultur: Anthropozän, Medialität Materialität*, Studienbrief FernUniversität Hagen, 2014; ders. Zur Aktualität Goyas: Medialität, Materialität und postkoloniale Ästhetik, in: Ursula Hennigfeld (Hg.), *Goya im Dialog der Medien, Kulturen und Disziplinen*, Freiburg 2013, S. 35–56.

[28] Bruno Bon / Anita Guerreau-Jalabert, Le trésor au Moyen Age: étude lexicale, in: Lukas Burkart / Philippe Cordez / Pierre-Alain Mariaux / Yves Potin (Hg.), *Le trésor au Moyen Age. Discours, pratiques et objets* (=Micrologus Library, Bd. 32),

nicht in jedem Falle gleichbedeutend mit einem hohen Materialwert – und umgekehrt gehört nicht alles zur ‚Schatzkunst', was aus kostbarem Material gefertigt ist. Obgleich die Verfügbarkeit des Materials, die Seltenheit mancher Rohstoffe, die Bedingungen des Handelsverkehrs und politische Allianzen Faktoren für die Wertschätzung eines Objekts sein können, bestimmte sich der individuelle Wert auch durch die symbolische Aufladung, etwa durch den Gebrauch in einer besonderen Zeremonie oder durch die Wiederverwendung in späterer Zeit, wie zum Beispiel durch die Einfügung als Spolie in ein anderes Objekt oder die Umarbeitung, die zu neuen Verwendungszusammenhängen führt.

Vergleichbar wie Wörtern oder Sätzen durch eine bestimmte Textstruktur oder im Rahmen einer bestimmten Textgattung jeweils andere Kontexte unterlegt werden können, so wird einer Zusammenstellung von Objekten eine andere Bedeutung beigemessen oder ein anderer Wert verliehen als einem einzelnen Objekt. Dies ist insbesondere dann der Fall, wenn diese Zusammenstellung nach einer sinnhaften Ordnung erfolgt. Dementsprechend konnte ein bestimmter Gegenstand aufgewertet werden, weil er sich in einem bestimmten Schatz oder in späterer Zeit in einer Wunderkammer befand, auch wenn sein Materialwert diese Wertigkeit nicht erahnen lässt.[29] Viele Schatzstücke – auch profane Objekte wie Textilien und Kästchen – sind nur deshalb erhalten, weil sie Bestandteile eines Kirchenschatzes waren und nur in Ausnahmefällen Veräußerungen, Umarbeitungen oder Geschenkaktionen anheimgegeben waren. Dabei ist das, was unter ‚Schatz' zu verstehen ist bzw. was damit verbunden wird, nicht

---

Florenz 2010, S. 11–31; vgl. ferner Sergej Rickenbacher, Interview „Bernadette Burchard über materielle und immaterielle Kirchenschätze", in: *Materialität & Produktion*. *GRK 1678 an der Heinrich-Heine-Universität Düsseldorf* (25.02.2015), URL: http://grk1678.hypotheses.org/413 vom 25.07.2015.

[29] Vgl. Andrea von Hülsen-Esch, Zu Funktion und Beständen von kirchlichen Schatzkammern im Mittelalter, in: Albert Damblon / Birgitta Falk / Andrea von Hülsen-Esch / Karlheinz Wiegmann (Hg.), *Dem Himmel ein bisschen näher. Die Schatzkammer der Münsterkirche in Mönchengladbach*, Mönchengladbach 2013, S. 37–43; Pierre-Alain Mariaux, Der Schatz als Ort der Erinnerung. Anmerkungen zur Neuordnung der Kirchenschätze im 12. Jahrhundert, in: Kornelia Holzner-Tobisch / Thomas Kühtreiber / Elisabeth Vavra, *Vom Umgang mit Schätzen*. Internationaler Kongress (Krems an der Donau, Österreich. Akademie der Wiss., Phil.-Hist. Klasse, 28.–30. Okt. 2004) (= Sitzungsberichte, Bd. 771), Wien 2007, S. 345–357; vgl. zu den Kunst- und Wunderkammern und den außereuropäischen Sammlungsstücken mit weiterführender Literatur: Sabine Haag (Hg.), *Kunstkammerschätze der Renaissance. Eine Ausstellung des Grünen Gewölbes und der Sammlungen Schloss Ambras* (Schloss Ambras, Innsbruck, 14. Juni–23. Sept. 2012), Wien 2012; sowie: Dominik Collet, *Die Welt in der Stube. Begegnungen mit Außereuropa in Kunstkammern der Frühen Neuzeit*, Göttingen 2007.

so eindeutig, wie es unsere Erfahrung und unser heutiger Sprachgebrauch suggerieren. Mittelalterliche Schätze hatten die verschiedensten Erscheinungsformen, unter denen diejenige der Sammlung wertvoller Objekte lediglich eine Spielart ist.[30] Für den Kontext einer Schatzkammer wichtiger ist die Vorstellung vom *thesaurus ecclesiae*[31] als dem gesammelten Blut Christi und der Märtyrer sowie schließlich der Schatz der Heiligenreliquien, deren immaterieller – aber auch deren tatsächlicher materieller – Wert durch die Bedeutungszuschreibung um ein Vielfaches höher war als ihr Materialwert.[32] Sie stellten den eigentlichen Schatz der Kirchen und Klöster dar. Die Reliquien, in der frühen Zeit zumeist körperliche Relikte, also Knochen, werden von Beginn an in kostbaren Hüllen, den Reliquiaren, aufbewahrt, die zum Kirchenschatz zählten und an verschiedenen Orten im Kirchenraum aufgestellt werden konnten.[33]

Diese immateriellen Schätze sind aber in den seltensten Fällen Gegenstand der Forschung[34], die sich mit den Schätzen, oder vielmehr: mit der ‚Schatzkunst' beschäftigt; hier stehen die kostbaren Hüllen aufgrund der Wertigkeit des Materials und der mit dieser einhergehenden Konnotationen im Vordergrund des Interesses.[35] Damit aber nehmen die Forschungen eine Umwertung des Eigentlichen vor, erfährt doch der Begriff des ‚Kostbaren' eine Verwendung, die unserem neuzeitlichen Sprachgebrauch

---

[30] Ich folge hier der Zusammenstellung bei Lucas Burkart, Transfer und Transzendierung. Zum Wandel von Bedeutung in mittelalterlichen Schätzen, in: *Vom Umgang mit Schätzen* (wie Anm. 29), S. 69–87, S. 69.

[31] Vgl. zum *thesaurus ecclesiae* in aller Kürze den Abschnitt von Bernadette Burchard, Der Schatz der Kirche, in: *Goldene Pracht, Mittelalterliche Schatzkunst in Westfalen* (LWL-Landesmuseum für Kunst und Kulturgeschichte und Domkammer der Kathedralkirche St. Paulus, Münster, 26. Febr.–28. Mai 2012), München 2012, S. 415–417 mit dem Verweis auf den Gnadenschatz sowie Lukas Burkart, Schatz und Schatzbildung im Mittelalter. Reflexionen zu disziplinärem Interesse und interdisziplinärem Zugang, in: *Le trésor au Moyen Age. Questions et perspectives de recherche*, Neuchâtel 2005, S. 1–26, S. 10–12.

[32] Der Vermittlungsprozess der Heiligen als Fürsprecher für die Menschen bei Gott wurde durch die sterblichen Überreste der Heiligen sichtbar gemacht, denn in jedem Reliquien-Fragment ist nach katholischer Auffassung die heilbringende Kraft auf ewig gegenwärtig. S. hierzu auch Markus Mayr, Reliquien – kostbarer als Edelsteine und wertvoller als Gold, in: *Vom Umgang mit Schätzen* (wie Anm. 29), S. 99–114.

[33] Vgl. zu den Forschungen über Reliquien und Reliquiare den Forschungsbericht von Philippe Cordez, Die Reliquien, ein Forschungsfeld. Traditionslinien und neue Erkundungen, in: *Kunstchronik* 60 (2007), S. 271–282; zur Übertragung der Sakralität der heiligen Reliquien auf die Reliquiare s. Hedwig Röckelein, Schätze in Altären. Profane Gebrauchsgegenstände im sakralen Raum, in: *Le trésor au Moyen Age* (wie Anm. 29), S. 179–198.

[34] Vgl. ebd.

[35] Vgl. auch Olivier Christin, Du culte chrétien au culte de l'art. La transformation du statut de l'image (XVe–XVIIIe siècle), in: *Revue d'histoire moderne et contemporaine* 49/3 (2002), S. 176–194.

unterliegt und auch mit der Bezeichnung als „Luxusgegenstand" die Betrachtung aus einer ökonomisch messbaren Perspektive in den Vordergrund schiebt.[36] Es ist nicht zu leugnen, dass der Prozess der Wertschätzung durch den besonderen Gefallen, den man – im Sinne einer Mode – zu bestimmten Zeiten an einem bestimmten Material fand, oder durch die Seltenheit etwa exotischer Materialien ebenso beeinflusst wird wie durch die Kunstfertigkeit, mit der das Objekt bearbeitet wurde, durch Materialkombinationen oder durch den Gebrauch der Kunstwerke. Mit einer Vermehrung und einem Anwachsen der Schätze durchdringen sich zunehmend die Kategorien, weil hiermit natürlich auch eine ökonomische Komponente zum Tragen kommt: Sei es diejenige des materiellen Wertes der gestifteten Reliquiare, sei es die zunehmende Attraktivität für Pilger aufgrund der Reliquien, sei es die Berücksichtigung des sozialen Rangs des Stifters als wertkonstituierender Faktor. Im Hinblick auf Forschungen zur historisch bedingten funktionalen Kultur von Schatzkammerobjekten würden bei einer einseitigen Betrachtung materiell wertvoller Objekte wichtige Fakten verloren gehen, die nicht nur zu einer Erschließung der regionalen kultischen Praxis, sondern auch zu einer größeren Kenntnis von der Agentialität der Dinge selbst beitragen.

Die aus kostbaren Edelmetallen gestalteten und mit Edelsteinen geschmückten Reliquiare, die unseren heutigen Vorstellungen von einem Schatzstück immer näherkamen, galten als eine Ehrbezeugung gegenüber Gott, mit der eine Hinführung zur Gotteserkenntnis verbunden sein sollte, was dank der Materialität der betrachteten Reliquiare angestoßen werden konnte. Suger von Saint-Denis beschreibt diese den Schatzstücken innewohnende Kraft in seiner kurz vor der Mitte des 12. Jahrhunderts entstandenen Schrift *De administratione* eindrücklich. Für ihn handelt es sich um eine Kraft, die den Betrachter zur inneren Sammlung und Meditation anregt; es ist die in der Relation von Material und Materialität angelegte Agentialität des Objekts, die ihn damit ein Stückchen näher zur Gotteserkenntnis bringt.[37] Neben Abt Suger

---

[36] Siehe Mark Häberlein / Markwart Herzog / Christof Jeggle / Martin Przybilski / Andreas Tacke (Hg.), Luxusgegenstände und Kunstwerke vom Mittelalter bis zur Gegenwart. Produktion – Handel – Formen der Aneignung, Konstanz / München 2015.

[37] Abt Suger von Saint-Denis, *Ausgewählte Schriften: Ordinatio, De consecratione, De administratione*, hg. v. Günter Binding / Andreas Speer, Darmstadt 2000; De Administratione III, 224: *„Als daher einmal aus Liebe zum Schmuck des Gotteshauses die vielfarbige Schönheit der Steine mich von den äußeren Sorgen ablenkte und würdiges Nachsinnen mich veranlasste, im Übertragen ihrer verschiedenen heiligen Eigenschaften von materiellen Dingen zu immateriellen zu verharren, da glaubte ich*

von Saint-Denis formulierte das ebenso eindrucksvoll der Benediktinerabt Rupert von Deutz in der ersten Hälfte des 12. Jahrhunderts; er rechtfertigt die Verwendung kostbarer Materialien als Zeichen frommen Dienstes.[38] Diese Interpretationen des materiellen Wertes war die Grundlage dafür, dass allmählich nicht sakrale Objekte wie Urkunden, die die Kirche betreffen, Münzen als materieller Besitz der Kirche, Altarbilder oder auch Heiligenfiguren, die keine Reliquie bergen, sowie zunehmend auch wundersame Dinge, wie Straußeneier, in den Kirchenschatz aufgenommen wurden.[39] Damit aber entfaltete sich die Potentialität dieser Objekte in ihrer Materialisierung als liturgische Komponenten oder als besitzstandswahrende Objekte im Notfall und in ihrer Medialisierung als Altarschmuck, Prozessionsgerät, Schaustück zu bestimmten Feiertagen etc. Die damit verbundene ökonomische und immaterielle Aufwertung ist ein Produkt von Material, Materialität und in den Dingen angelegte Potentialität, die in den jeweiligen spezifischen Zusammenhängen zur Entfaltung kommt. Mehr noch: In den Verwendungszusammenhängen kommt auch die Agentialität der Objekte zum Tragen, etwa wenn, wie bei Abt Suger beschrieben, durch die Anmutungsqualität der Edelsteine der Betrachter zur Meditation angeregt wird.

In anderer Weise kommt die Agentialität des Materials im Rahmen der Materialgerechtigkeit zum Tragen, ein Begriff, der auf das Verhältnis von Material und Wert und dessen Veränderung durch den gestalterischen Prozess und durch kulturelle Zuschreibungen rekurriert. Die damit verbundenen Fragestellungen reichen von der Verwendung der Materialien nach ihrem kulturell in bestimmten Zeiten zugeschriebenen Wert – gewissermaßen einer Bewertungsrangfolge – über Materialimitationen bis zur Untersuchung des Zusammenhangs von Werk und Wert, wie er sich im Material manifestiert. Als Beispiel sei ein Buchdeckel aus Elfenbein aus zweiten Drittel

---

mich zu sehen, wie ich in irgendeiner Region außerhalb des Erdkreises, die nicht ganz im Schmutz der Erde, nicht ganz in der Reinheit des Himmels lag, mich aufhielt, und (glaubte), dass ich, wenn Gott es mir gewährt, auch von dieser unteren (Region) zu jener höheren in anagogischer Weise hinübergetragen werden könne."

[38] Rupert von Deutz, *Liber de divinis officiis – Der Gottesdienst der Kirche*, hg. v. Helmut und Ilse Deutz, 1. Teilbd.: Fontes Christiani 33/1, Freiburg i. Br. 1999; Buch II, 23, S. 326–329: „*In Gold, Silber und edlen Steinen ... leuchtet an den einzelnen Orten festliche Andacht auf. In der Welt draußen sind es Insignien ehrgeizigen Strebens, im göttlichen Bereich hingegen Zeichen frommen Dienstes. Nicht weil Gott, der da Geist ist, aus Gold gefertigte Geräte mehr erfreuen als irdene, mit Gemmen geschmückte eher als unverzierte; vielmehr deshalb, weil die Menschen das, was sie Gott als ihr Bestes darbringen – was es auch immer sei – in liebender Hingabe ihm zur kostbarsten Gabe machen.*"

[39] Siehe Mariaux, Schatz (wie Anm. 29), S. 350f. und 354f.; zum materiellen Wert der Kirchenschätze s. Burkart, Schatz und Schatzbildung (wie Anm. 31), S. 3–9.

des 9. Jahrhunderts betrachtet, dessen Materialwahl – das Elfenbein – nicht nur ein in der damaligen Bewertung äußerst kostbares Material zeigt, sondern dazu eines, das in besonderer Weise mit dem dargestellten Thema, der Himmelfahrt Christi und der Parusie in Kombination mit dem Buchinhalt – die vier Evangelien – korrespondiert[40]: Elfenbein galt im Mittelalter aufgrund der organischen Substanz in besonderer Weise als ein mit dem Menschen verbundenes Material, das sowohl bei der Darstellung der menschlichen Körperlichkeit als auch, aufgrund der besonderen Charaktereigenschaft polierten Elfenbeins, zur Visualisierung des toten Körpers eingesetzt wurde.[41] Die Assoziation des am Kreuz gestorbenen Gottessohnes zusammen mit der Himmelfahrt des körperlich Auferstandenen verbanden sich mit dem Material, dessen Materialeigenschaften im Taktilen – seit der Antike lässt sich nachweisen, dass es mit der weißschimmernden Epidermis verglichen wurde – zugleich an einen Leichnam denken ließen und damit das Dargestellte der Historizität enthoben.[42] Darüber hinaus gilt es zu bedenken, in welchem Maße weitere materielle Aspekte, etwa die Kombination von Elfenbein mit dem edelsteinbesetzten Goldrahmen, die Arbeit des Künstlers und nachfolgend die Wahrnehmung des geschaffenen Objekts, im Sinne des von Walter Benjamin geprägten Aura-Begriffs, beeinflusst haben. Hierdurch wird deutlich, wie eng verbunden mit den materiellen Aspekten der Schatzkunst das Phänomen der Immaterialität, der Imaginationen und der gedanklichen Freiräume ist, die beim Betrachten des Objekts oder des Bildes und seiner Machart aufkommen – in diesem Falle angeregt durch die Agentialität des Elfenbeins, die Materialgerechtigkeit der Verwendung und die in der Relationalität von Material und Materialität inhärente Potentialität des Objekts. Der Blick auf das Verhältnis von Materie, Material und Materialität verhilft zu einer neuen Perspektive auf die Objekte in unserem tradierten Wissenschaftsverständnis und trägt damit entscheidend zu einer anderen Wahrnehmung hinsichtlich des Umgangs mit den überlieferten Objekten, ihrer Wertschätzung und ihres Potentials, Handlungen zu erzeugen, bei.

---

[40] Veste Coburg, Kunstsammlungen, Ms. 1; sog. jüngere Metzer Schule, um 960/70.

[41] Vgl. Andrea von Hülsen-Esch, Elfenbein in der Kunstkammer. Zu Funktion und Materialität von Memento mori-Objekten, in: diess. / Hiltrud Westermann-Angerhausen in Zusammenarbeit mit Stefanie Knöll (Hg.), *Zum Sterben Schön! Alter, Totentanz und Sterbekunst von 1500 bis heute*, Regensburg 2006, S. 301–309, zum Folgenden bes. S. 306f.

[42] Sabine Haag, *Studien zur Elfenbeinskulptur des 17. Jahrhunderts. Vorarbeiten für einen systematischen Katalog der Elfenbeinarbeiten des Kunsthistorischen Museums Wien*, Phil. Diss., Wien 1994, S. 12.

Abdrücke, Abgüsse, Spuren in Morgen- und Abendland. Lexik der Ruine

Alain Schnapp

Die meisten europäischen Sprachen kennen den strukturellen Gegensatz zwischen Ruinen und Spuren. Das lateinische *ruina* geht auf den Stamm *ruo* zurück und bezeichnet den Vorgang der Zerstörung, der Erosion – etwas, das unter dem Einfluss einer äußeren Kraft nach und nach verschwindet; *vestigia* dagegen verweist auf die Spuren, die Tiere auf lockerem Boden hinterlassen. Das Altgriechische kennt hierfür die Wörter *ereipia* und *ichnai*, die jeweils genaue Entsprechungen zu *ruina* und *vestigia* sind. Um diese beiden Begriffe entfaltet sich also der Gegensatz zwischen der Ruine einerseits, als Konsequenz langsamer oder brutaler Erosion, und der Spur andererseits, als Fährte bzw. Abdruck. Sie bezeugt die Anwesenheit einer Gottheit oder eines Helden bzw. das Eintreten eines Naturereignisses, das sichtbare Folgen hinterließ. Zwar kann es vorkommen, dass beide Begriffe sich überschneiden; dennoch stellen sie die Pole eines die gesamte Ruinenpoesie durchziehenden Spannungsverhältnisses dar. Georg Simmels schöner Definition zufolge ist die Ruine das Ergebnis der Rückkehr dessen, was von Menschenhand erbaut wurde, zur Natur, die Auflösung der Architektur in eine Gestalt, die das Produkt der Einwirkung von Atmosphäre und Naturgewalt ist.[1] Diese Deutung ergibt sich freilich aus einer abendländischen (der Nahe Osten inbegriffen) Einstellung zur Natur. In China und Japan nimmt sie völlig andere Züge an.

In der okzidentalen Tradition stellt das Denkmal, das Monument (von lat. *monere* = erinnern, mahnen), ein Vermächtnis der Gegenwart an die Zukunft dar, ein Bauwerk, das an die Absicht seines Schöpfers erinnern soll, an dessen Willen, den kommenden Generationen eine Spur seiner selbst zu hinterlassen. Das Denkmal muss der Zeit standhalten, es muss, allen geschichtlichen Wechselfällen zum Trotz, das Zeugnis seiner Erbauer bewahren. Der englische Gelehrte Walter Charleton, der im 17. Jahrhundert lebte, beschreibt in seinem Werk über die Megalithen von Stonehenge ebendiesen Gedanken mit verblüffender Präzision:

---

[1] Georg Simmel, *Philosophische Kultur. Gesammelte Essais*, Leipzig ²1919, S. 125–133.

> However, thus much may modestly be affirmed, that there is no man but thinks himself somewhat concerned in times that shall come after him; and that the most excellent works of men had their first beginnings from this Appetite of posthume [sic!] Fame.[2]

Der Gedanke Charletons bringt die Beweggründe für den Bau von Denkmälern auf den Punkt. Dieser Prozess, der mit dem europäischen Megalithismus einsetzt und sich mit den monumentalen Praktiken Ägyptens und Mesopotamiens fortentwickelt, kommt schließlich in der Denkmalkultur Griechenlands und Roms zu voller Entfaltung. Das Errichten von zeitbeständigen Bauwerken stellt ein Mittel dar, die eigene Macht auszudrücken und der Nachwelt Spuren und Zeugnisse der Größe der Herrscher und Mächtigen zu hinterlassen. Es scheint, als gäbe es kein wirksameres Instrument als das Denkmal, um die Geschichte zu prägen und den Folgegenerationen eine Spur seiner selbst zu hinterlassen. Dennoch wurden in Ägypten wie in der griechisch-römischen Welt Stimmen laut, die die Vermessenheit der „Ewigkeitsdenkmäler" bzw. der „unübertroffenen Paläste" kritisierten.

Die Auftraggeber der Denkmäler konnten die Vergänglichkeit ihrer Bauwerke nicht ignorieren. Trotz aller Konstruktions- und Konservierungsstrategien mahnten die Dichter und übten scharfe Kritik am Urvertrauen, das die Bauherren in die Beständigkeit ihrer Werke setzten. Der poetische Überlegenheitsanspruch der Worte über den Dingen bildet das Kernargument des berühmtesten Horaz-Gedichtes (*Exegi monumentum aere perennius*)[3] und war bereits im alten Ägypten bekannt:

> Jene gelehrten Schreiber aber
> seit der Zeit derer, die nach den Göttern kamen,
> jene Zukunfts-Wahrsager, sie sind zu solchen geworden,
> deren Name in Ewigkeit bleibt,
> obwohl sie dahingegangen sind, nachdem sie ihre Lebenszeit vollendet hatten
> und alle ihre Zeitgenossen vergessen sind.
>
> Sie haben sich keine Pyramiden aus Erz geschaffen
> und keine Stelen dazu aus Eisen;
> sie haben es nicht verstanden, Erben zu hinterlassen in Gestalt von Kindern,
> ihre Namen lebendig zu erhalten.
> Doch sie schufen sich Bücher als Erben
> und Lehren, die sie verfaßt haben.

---

[2] Walter Charleton, *Chorea Gigantum, or the most famous antiquity of Great Britain*, London 1725 [1663] S. 2–3.
[3] Horaz, *Oden*, III, 30 („Ich habe ein Denkmal errichtet, dauerhafter als Erz").

Sie setzten sich die Schriftrolle zum Vorlesepriester ein
und die Schreibtafel zum ‚Liebenden Sohn'.
Lehren sind ihre Pyramiden,
die Binse ihr Sohn,
die geglättete Steinfläche ihre Ehefrau.
Groß und Klein
wurden ihnen zu Kindern gegeben;
der Schreiber, er ist das Oberhaupt von allen.

Man machte ihnen Tore und Kapellen – sie sind zerfallen;
ihre Totenpriester sind davongegangen,
ihre Altäre sind erdverschmutzt,
ihre Grabkapellen vergessen.
Aber man nennt ihre Namen auf ihren Schriften, die sie geschaffen haben, da
sie Kraft ihrer Vollkommenheit fortdauern.
Man gedenkt ihrer Schöpfer in Ewigkeit.

Werde ein Schreiber, nimm es dir zu Herzen:
dann wird dein Name ebenso.

Wertvoller ist ein Buch als ein Grabstein mit Inschrift,
als eine festgefügte Grabkammer(?).
Die Bücher handeln als Grab und Pyramide,
um ihre Namen lebendig zu erhalten.
Es ist gewiß etwas Wertvolles im Jenseits:
ein Name im Munde des Menschen.

Der Mensch ist vergangen, sein Leib ist zu Staub geworden,
alle seine Zeitgenossen sind zur Erde gegangen.
Die Schrift aber ist es, die bewirkt, daß man sich an ihn erinnert
und ein Mund es dem anderen weitergibt.
Wertvoller ist eine Schriftrolle als ein gemauertes Haus,
als Grabkapellen im Westen;
besser ist sie als ein wohlgegründetes Schloß,
als ein Denkstein im Tempel.[4]

Dieser aus der Ramessidenzeit (spätes 2. Jahrtausend v. Chr.) stammende Text stellt das genaue Gegenteil dessen dar, was Charleton als „the Appetite of posthume Fame" beschreibt.[5] Er besagt gewissermaßen, dass alle materiellen Vorkehrungen vergebens sind; die kostbarsten und stabilsten Materialien, die sorgfältigsten und kompetentesten Handwerker sind machtlos gegen den Zahn der Zeit. Wohlgeschliffene Worte bewahren das Andenken an die Großen und Heldenhaften besser als Stein oder Bronze. Das lebendige Gedächtnis der Dichter und Barden hält die Erinnerung an

---

[4] Papyrus Chester Beatty IV vso 2,5–3,11 zit. bei Jan Assmann, *Stein und Zeit: Mensch und Gesellschaft im alten Ägypten*, München 1991, S. 173–174.

[5] Ebd.

Taten und Menschen über Jahrhunderte wach. Die Stoiker haben die Kritik an der Unbeständigkeit der Lebewesen und Dinge konsequent zu Ende gedacht: „Aber alle Teile der Welt sind vergänglich. [...] Werden nicht die härtesten Steine morsch und brüchig?"[6] Dieser dem Begründer des Stoizismus, Zenon von Kition (Zypern, 3. Jahrhundert v. Chr.), zugeschriebene Gedanke zeugt von einem geschärften Bewusstsein für die Unstetigkeit der Welt. In seinem Kommentar zum verheerenden Brand in der gallischen Metropole Lugdunum (Lyon) im Jahr 64 n. Chr. kommt Seneca zu einem eindeutigen Schluss:

> Nicht nur von Menschenhand Geschaffenes sinkt dahin, und nicht nur von Menschenkunst und Menschenfleiß Errichtetes vernichtet die Zeit: Bergesrücken fallen auseinander, ganze Landstriche versinken, bedeckt ist von den Wogen, was weit entfernt vom Anblick des Meeres stand. [...] Die Werke der Natur selbst werden heimgesucht, und deswegen müssen wir mit Gleichmut ertragen der Städte Vernichtung. Um zu fallen, stehen sie: auf alle wartet dieser Untergang[7]

Der Philosoph fasst in seinem Ansatz natürliche und menschliche Erzeugnisse zusammen. Der zeitliche Maßstab ist in beiden Fällen zwar sehr unterschiedlich, doch letzten Endes ist die Zerstörung im Herzen der Materie festgeschrieben. Nichts und niemand kann sich des Überlebens sicher sein; auch was unbezwingbar erscheint, wird sich eines Tages verwandeln und auflösen.

Solche Kommentare beeinflussen die Denkmalstrategien. So gut wie jeder Auftraggeber weiß, dass sein Bauwerk dem Verfall geweiht ist, und so bemühen sich Architekten und Handwerker, die drohende Erosion durch massive Konstruktionen, hochwertige Materialien und verlässliche Bautechniken abzuwenden. Der Bedrohung kann auf vielfältige Weise begegnet werden: Die Pyramiden beispielsweise waren eine mögliche Antwort auf das Unendlichkeitsstreben ihrer Bauherren. Ihre Ausmaße und ihr Gigantismus waren Mittel des Widerstands gegen den Verschleiß der Zeit.

Indessen begnügten sich die Herrscher des Nahen Ostens nicht nur damit zu bauen. Sie schrieben auch, und zwar auf die Mauern ihrer Pyramiden und auf Tafeln, die mit den Grundsteinen vergraben wurden. Sie beanspruchten nicht nur die Urheberschaft ihrer Denkmäler, sondern befahlen ihren Schreibern außerdem, ihre Taten in Annalen festzuhalten und die Pracht ihrer Bauwerke zu beschreiben. Der gute Herrscher muss

---

[6] Hans Arnim, *Stoicorum veterum fragmenta*, Bd. I, Frag. 106 (Z. 30–31), Stuttgart 1964, S. 29–32. Dt. Übers. in Rainer Nickel (Hg.), *Stoa und Stoiker*. Griechisch – Lateinisch – Deutsch, Bd. I, Zürich 2008, S. 345–347.

[7] L. Annaeus Seneca, *Ad Lucilium, Epistulae morales LXX–CXXIV, [CXXV] – An Lucilius, Briefe über Ethik*, 70–124, [125], übers., eingel. und m. Anm. vers. v. Manfred Rosenbach, Darmstadt ²1987, S. 379–381 (14. Buch, 91. Brief, 11–12).

Paläste und Tempel bauen, doch er muss auch seine Vorgänger verherrlichen, deren Taten auf ihn zurückstrahlen.

Einige Gesellschaften vertrauen ihr Nachleben den Denkmälern an und entwickeln Strategien zum Widerstand gegen den Verschleiß der Zeit. Solche Maßnahmen sind alles andere als rein materiell. Sie sind die Konsequenz gesellschaftlicher Praktiken und werden von komplexen Ritualen begleitet, welche die Übertragung in die jeweils nächste Generation gewährleisten.

Wird diese Übertragung unterbrochen, bleibt lediglich die Architektur übrig, dann werden die Denkmäler, im modernen Sinne, zu Ruinen. Die Herrscher der großen Reiche sind die Erben solcher Erfahrungen, und dennoch nutzen sie das Medium Schrift in seinen verschiedenen Formen, um ihr eigenes Projekt gewissermaßen zu bekräftigen. Der Text – in Ägypten als Inschrift auf dem Denkmal angebracht oder in Mesopotamien sorgfältig im Fundament verborgen – ist eine Botschaft an die Zukunft, die auf intellektuelle Kontinuität abzielt. Die Herrscher wenden sich an ihre Nachfolger und an die Gelehrten, die eines Tages ihre majestätischen und bisweilen bedrohlichen Erklärungen lesen werden.

Strategien des Orients

Die Pharaonen begegneten der Erosionsbedrohung durch ihre massiven und festen Bauwerke; die mesopotamischen Herrscher fanden eine andere Lösung: Mit Grundsteinziegeln und Widmungsinschriften, die durchweg für jedes neue Bauvorhaben erstellt wurden, kontrollierten sie das Gedächtnis ihrer stetigen Wiederaufbauten. Zwar zögerten auch die Pharaonen nicht, sich und ihre Werke mittels Inschriften zu verherrlichen, doch gingen die Mesopotamier viel weiter, indem sie einen unendlich deklinierten Formenkatalog schufen, der ihre Frömmigkeit, ihre Größe sowie die Kontinuität ihrer Taten betonte: Die Ziegelinschriften glorifizieren den herrschenden Fürsten und bekunden seine Frömmigkeit und Herrlichkeit. Zum einen sind sie eine Botschaft des Herrschers an seine Nachkommen, zum anderen ein Nachweis seiner Kenntnis der Werke seiner Vorgänger.

Hierin liegt auch eine gewisse Ironie: Weder die Stärke der Mauern, noch die Pracht der skulptierten oder gemalten Dekorationen allein zeugen von der Größe des Königs, sondern in der Sonne getrocknete Lehmziegel, die von wachsamen Schreibern sorgfältig beschriftet werden. Angesichts der majestätischen Steinblöcke der Pharaonen wissen die mesopotamischen Herrscher um die Zerbrechlichkeit ihrer Ziegelbauten, doch sie sind mit ihrem bescheidenen Kommunikationsweg durchaus in der Lage, ihre eigene Größe sehr laut und sehr stark in die Zukunft zu verkünden. Diese subtile Strategie beruht auf einem geteilten Wissen, das die Schreiber über die Jahrtausende hindurch verbindet. Sie setzt ein philologisches Können voraus, die Fähigkeit, archaische Schriften und diplomatische Traditionen zu beherrschen. Genau dies zeichnet die mesopotamischen Schreiber aus, von denen wir wissen, dass sie Inschriften sammelten und geschickte Übersetzer waren. Ägypter wie Mesopotamier teilen den Glauben und das Interesse an der Vergangenheit, jedoch erforschen sie diese auf unterschiedliche Weise. Angesichts der Überfülle an Steinen beharren die Mesopotamier darauf, Erosion mit Wissen zu bekämpfen: Ihre Paläste, die so rasch verfallen, sobald sie nicht instandgehalten werden, bergen durch die Ruinen geschützte Grundsteinziegel. Auf paradoxe Weise tragen die Erosion und Zerstörung der Gebäude zum Erhalt der Erinnerung bei, indem sie sich schützend über die Schreibtafeln und Ziegel legen. Um mit der Vergangenheit zu kommunizieren reicht es nicht aus, Botschaften zu verfassen und fromm in den Boden einzulassen – man muss sich auch vergewissern, dass Könige und Schreiber künftiger Generationen in ebendiesem Boden nach jenen unzerstörbaren Spuren graben werden.

Dieser Durst, den Boden zu erforschen, frühere Substruktionen auszugraben, Mauern, Gegenstände und Inschriften zu datieren und zu deuten, mag den modernen Archäologen verwirren, der bisweilen den Eindruck gewinnt, ebenso leidenschaftlichen Vorgängern zu begegnen wie er selbst. Ein guter König muss nicht nur die Heiligtümer korrekt ehren und verwalten. Er muss auch den Fortbestand der verschiedenen Götterkulte gewährleisten, an denen der Zahn der Zeit nagt, sobald die Heiligtümer verfallen und die Verweser verschwinden. Um sie wiederherzustellen, müssen die Spuren früherer Bauten sorgfältig geborgen werden, bevor auf ihren Grundsteinen Neues erbaut werden kann. Es existieren zahllose Schilderungen solcher Tätigkeiten. Kurzum, der Kult braucht Reliquien. Die Ausgrabung der sukzessiven Tellschichten, die den verschiedenen Lebensräumen der mesopotamischen Städte zugrunde lagen, dient der Kontinuitätssicherung und der Bekundung der Großartigkeit und Frömmigkeit der Herrscher und ihrer Schreiber.

Die Schreiber Mesopotamiens sammeln alte Inschriften, manchmal erstellen sie Abgüsse davon, sie übersetzen sie und ermitteln ihren Ursprung, veranstalten regelrechte Ausgrabungen, um die Relikte früherer Tempel zu entdecken, die sie datieren und schließlich restaurieren. Bei dieser Erinnerungsarbeit handelt es sich um eine Kunst der Spurendeutung: Abdrücke der Vergangenheit werden erkundet und reproduziert. Das Mauerwerk der Fundamente wird wiederaufgebaut, die alten Inschriften abgegossen und übersetzt. Um ein Heiligtum zu restaurieren, muss ein altes Bildnis der Gottheit vorhanden sein, die es bewohnte. Ein außergewöhnlicher Fund aus Sippar im Irak beschreibt diese Praxis. Es handelt sich um ein irdenes Kästchen, das ein Steintäfelchen mit der Darstellung des Sonnengottkultes sowie zwei Abgüsse dieses Werks beinhaltet. Das Kästchen wurde wohl auf Befehl des Herrschers Nabonid (556–539) hergestellt, der auf einer der Matrizen eine Gedenkinschrift hinterließ. Das sorgfältig konservierte Täfelchen enthält neben der Figur der Gottheit und ihrer Gefährten noch eine lange Inschrift, die auf mehreren Spalten davon berichtet, wie der Kult des Sonnengotts zunächst in Vergessenheit geraten war, wie dann ein Relief mit dessen Darstellung am Ufer des Euphrats entdeckt und schließlich der Kult daraufhin wiederhergestellt wurde:

> Shamash, the great lord, who dwells in Ebabbara, which is in Sippar, which during the troubles and disorders in Akkad the Sutu, the evil foe, had overthrown, and they had destroyed the sculptured reliefs, – his law was forgotten, his figure and his insignia had disappeared, and none beheld them.
>
> Simmash-Shipak [1024–1007], king of Babylon, sought for [the lord's] figure, but he did not reveal himself to him. His image and his insignia he did not find, but [...] he established his regular offerings [...]. During the distress and famine under Kashshu-nadin-akhi [1006–1004], the king, those regular offerings were discontinued, and the drink-offering ceased. [...]
>
> At a later time, Nabu-aplu-iddina, the king of Babylon, [...] overthrew the evil foe, the Sutu [...]. Shamash, the great lord, who for many days with Akkad had been angry and had averted his neck, in the reign of Nabu-aplu-iddina, the king of Babylon, had mercy and turned again his countenance.
>
> A model of his image, fashioned in clay, his figure and his insignia, on the opposite side of the Euphrates, on the western bank, were found, and [...] the priest of Sippar, that model of the image to [...] the king, his lord, showed, [...] who the fashioning of such an image had given him as a command and had entrusted to him [...].
>
> To fashion that image he directed his attention, and through the wisdom of Ea, with the craft of Ninigi-nangar-bu, Gushkin-banda, Ninkurra, and Nin-zadim with sumptuous gold and bright lapis-lazuli the image of Shamash, the great lord, he carefully prepared. With the rite of purification of Ea and Marduk [...] on the bank of the Euphrates, he washed his mouth, and he took up his dwelling (there).[8]

---

[8] *The Sun God Tablet*, Transkription und engl. Übersetzung: http://www.britishmuseum.org/research/collection_online/collection_object_details.aspx?objectId=282224&partId=1. Siehe auch René Labat (u. a.) : *Les religions du Proche-Orient*.

Diese Geschichte ist ein regelrechtes Paradigma, sowohl durch ihre Überlieferung als auch durch ihre Kult- und Erinnerungsstrategie. Nabonid, der im späten 6. Jahrhundert herrschte, ließ ein Relief abgießen, das einem Herrscher aus dem 9. Jahrhundert, nämlich Nabu-apla-iddina, zugeschrieben wurde. Das Relief berichtet von einem außergewöhnlichen Fund im Zusammenhang mit dem Gott Šamaš, dessen Kult seit dem 11. Jahrhundert verlorengegangen war. Um dauerhaft zu bestehen, muss sich der Kult auf eine Figur der Gottheit stützen – andernfalls kann er nicht wiederbelebt werden. Im Laufe der Jahre haben die Herrscher erfolglos versucht, das Kultbild wiederzufinden. Dass es schließlich wieder auftaucht, ist der Frömmigkeit des Herrschers und des Priesters an seiner Seite zu verdanken. Dem göttlichen Willen entsprechend lässt der König dann aus kostbaren Materialien eine neue Kultstatue sowie eine Kalksteinkopie des Reliefs herstellen, die anschließend sein entfernter Nachfolger Nabonid entdeckt. Dieser gräbt sie erneut aus und lässt zwei Abgüsse davon anfertigen, die er mitsamt des Originals in das Kästchen gibt, auf das schließlich Hormuzd Rassam im Jahr 1881 bei seinen Ausgrabungen in Sippar stößt.

Die lange Liste der Könige, die vor dem 9. Jahrhundert angeblich ebenfalls versuchten, die Figur des Gottes Šamaš wiederzufinden, ist natürlich alles andere als erwiesen. Sie zeugt allerdings von der beeindruckenden Hagiographie, die Nabu-apla-iddina und Nabonid um ihre Entdeckung entwickeln. Die Kalksteintafel des Gottes Šamaš ist nicht das Original. Der Inschrift zufolge handelt es sich um eine Kopie des Terrakottareliefs, das der Priester am Ufer des Euphrats fand. Diese Kopie wird aufbewahrt und wiederum kopiert, als Nabonid Abgüsse davon anfertigen lässt. In dieser Geschichte dreht sich alles um die Verdopplung, die einerseits für den Kult unabdingbar ist, andererseits als Übermittlungsmodus dient. Jede Generation trägt erneut zu diesem Prozess bei, wobei natürlich nicht die Ähnlichkeit des göttlichen Abbilds zählt, sondern lediglich der Glaube, den man dieser Darstellung widmet. Wie beim Reliquienkult wird die Echtheit des Werks durch die Überlieferungskette bewiesen, letzten Endes sind Leidenschaft und Frömmigkeit entscheidend. Der Herrscher, dem der Gott die Gnade der Entdeckung bzw. der Wiederentdeckung zuteilwerden lässt, ist auserkoren, und diese Kür stellt das Pfand für die Kontinuität des wiederherge-

---

Textes et traditions sacrées babyloniens-ougaritiques-hittites, Paris 1970, S. 115–116 und Woods, Christopher E., The Sun-God Tablet of Nabû-apla-iddina Revisited, in: *Journal of Cuneiform Studies*, 56 (2004), S. 23–103.

stellten Kultes dar. Entdecken, identifizieren, reproduzieren, übersetzen – all das sind wesentliche Etappen der Erinnerungskultur.⁹ Jorge Luis Borges hat dies auf äußerst hellsichtige Weise auf seine Fiktion zu übertragen gewusst. In seiner irrealen Welt Tlön existieren nur die Doppelgänger (*hrönir*) der Gegenstände, nicht aber die Gegenstände selbst. Hervorgerufen werden die *hrönir* im und durch das Bewusstsein derjenigen, die sich die Gegenstände vorstellen, und sind somit nichts anderes als deren materialisierte Essenz. Um die Gegenstände aus der Vergangenheit zu extrahieren reicht es, fest und zielstrebig an sie zu denken:

> Die methodische Hervorbringung von *hrönir* (sagt der elfte Band¹⁰) hat den Archäologen kostbare Dienste geleistet. Sie hat die Befragung, ja die Veränderung der Vergangenheit ermöglicht, die heute nicht weniger bildsam und gefügig ist als die Zukunft [...]. Auf Tlön verdoppeln sich die Dinge; sie neigen ebenfalls dazu, undeutlich zu werden und die Einzelheiten einzubüßen, wenn die Leute sie vergessen.¹¹

Um die Vergangenheit zu kennen, bedarf es nicht lediglich der Neugier, sondern bisweilen auch einer großen Willensanstrengung. Die mesopotamischen Herrscher besitzen sowohl den nötigen Enthusiasmus als auch das Wissen für derlei Tätigkeiten, die einen festen Glauben an die Kopie, die Verdopplung und die Reproduktion von Gegenständen und Inschriften erfordern, die aus dem Boden geborgen werden.

Diese religiöse Technik fußt auf einer Wissenstradition, die das Beherrschen sehr ausgeklügelter technischer Prozesse voraussetzt. Ein Täfelchen aus Philadelphia, das ins siebte vorchristliche Jahrhundert datiert wird, ist ein anschauliches Beispiel für diese Technik der Vergegenwärtigung der Vergangenheit. Es handelt sich um den Abguss einer sumerischen Inschrift zu Ehren des mächtigen babylonischen Königs Šar-kali-šarri.¹² Die Rückseite dieser Tafel ist mit einem neo-assyrischen Kommentar versehen: „impression of a diorite slab [...] which in the [...] palace of Narām-Sîn, the king, Nabû-zēr-lišir, the scribe, found in Agade." Der Schreiber hat die Inschrift nicht bloß abgegossen, sondern auch entziffert, sie einem bestimmten Herrscher zugeordnet und sogar ihren Fundort angegeben. Ein derartiges antiquarisches Können

---

[9] Für den christlichen Kontext siehe Georges Didi-Huberman zum Antlitz Christi in: *La ressemblance par contact, archéologie, anachronisme et modernité de l'empreinte*, Paris 2008, S. 71–91.

[10] Der Enzyklopädie von Tlön, so Borges.

[11] Jorge Luis Borges, Tlön, Uqbar, Orbius Tertius, in: Ders., *Fiktionen*, Erzählungen 1939–1944, übers. v. Karl August Horst (u. a.), Frankfurt/Main 1992, S. 15–34, hier S. 28–29.

[12] Siehe Edmond Sollberger, Lost inscriptions from Mari, in: Jean-Robert Kupper (Hg.), *La civilisation de Mari*, XVᵉ rencontre assyriologique internationale, Lüttich 1987, S. 103–108 und Woods, Sun-God (wie Anm. 8), S. 38–39.

hallte immer noch nach, als die Epigraphiker im China des 12. Jahrhunderts n. Chr. und im Europa der Renaissance das klassische Abklatschverfahren erfanden.

Der chinesische Ansatz

Woher rührt eine solche Wissenswut, ein solches Verlangen, die Inschriften und Denkmäler der Vergangenheit zu dokumentieren? Die Antwort lautet schlicht Antiquarianismus: der Wille, die Vergangenheit zu erkunden, sie zu analysieren und auf einer festen, verlässlichen und beweisbaren Basis wiederaufzubauen. Erstmals wurde dieser Ansatz im mittelalterlichen China formuliert und strukturiert – sicherlich, weil für die Chinesen das Entziffern und Deuten vergangener Inschriften, sei es auf Bronzevasen, auf Stein oder Bambus, absolut notwendig war und einen moralischen, politischen und selbstverständlich wissenschaftlichen Imperativ darstellte.

Der chinesische Gelehrte der Song-Dynastie Ouyang Xiu (1007–1072) übte als Stilist, Historiker und Antiquar einen solchen Einfluss auf seine Zeitgenossen aus, dass man ihn *mutatis mutandis* mit Petrarca im Abendland vergleichen könnte. Die Faszination, die von Ouyang auf seine Mitmenschen ausging, rührte nicht allein aus seinen Fähigkeiten als Gelehrter. Andere Antiquare derselben Zeit haben die chinesische Kultur durch ihre Sammlungen und Schriften geprägt; Ouyang jedoch nimmt eine Sonderstellung ein, weil er versucht hat, mit chirurgischer Genauigkeit die Motive, Verfahren sowie die Bedeutung des Antiquarenberufs zu erklären. Einer seiner Vorgänger und Freunde, Liu Chang (1019–1068), der ihm seine eigene Sammlung schenkte, definierte die Rollenverteilung beim Studium des Altertums folgendermaßen: „the ritual specialists will clarify the [ritual] institutions, the paleographers will correct the words, and the genealogists will restore the proper order of generations and posthumous names."[13] Diese strenge Aufteilung der Vergangenheitserkundung in unterschiedliche Forschungsfelder entspricht der konfuzianischen Tradition; dem Antiquar fällt es zu, Ordnung in das Chaos der Überreste zu bringen und sicherzugehen, dass die Relikte verlässlich sind und richtig gedeutet werden. Es geht darum, Überlieferungen besser zu verstehen und lesbar zu machen, um ihre Kontinuität zu sichern.

---

[13] Zit. bei Ya-hwei Hsu, Antiquaries and Politics: Antiquarian Culture of the Northern Song, 960–1127, in: *World Antiquarianism: Comparative Perspectives*, hg. v. Alain Schnapp (u. a.), Los Angeles 2014, S. 230–248, hier S. 232 [Liu Chang, *Gongshi ji, juan* 36, 13b–14a].

Ouyangs Vorhaben dagegen ist anspruchsvoller und spiegelt eine weitaus komplexere Philosophie der Spurenübertragung wider. Im Vorwort zu seiner „Sammlung von Spuren der Vergangenheit" legt er sein Projekt und dessen Berechtigung dar:

> As a rule, material things accumulate where they are enjoyed and are likewise possessed where the resources to obtain them are greatest. If there are resources but no enjoyment, or enjoyment without resources, then even if the things in question are close at hand and easy to acquire, they will not be brought to you.[14]

Die Einstellung des Autors ist ungewöhnlich. Statt die Vorzüge seiner eigenen Sammlung zu hervorzuheben, erklärt er in seiner Einleitung die Regeln der Kunst des Sammelns von wie auch immer gearteten Objekten. Ouyang ist vom epistemologischen Bestreben getrieben, seine Sammelpraxis zu erklären und zu rechtfertigen, die mehr ist als eine gesellschaftliche Attitüde oder eine reine, bestimmten Objekten gewidmete Routine. Er möchte die Einzigartigkeit seiner Methode definieren, die sich erheblich von den Sitten seiner meisten Zeitgenossen unterscheidet. Das Sammeln verfolgt zwar zunächst die Absicht zu ordnen und zu unterscheiden – gleichzeitig ist die Sammlung *per definitionem* ein Produkt der Leidenschaft des Connaisseurs. Eben diese Leidenschaft versucht Ouyang zu definieren. Die Menschen sammeln Geweihe, Stoßzähne und Häute gefährlichster Wildtiere; Jade, Perlen und Gold müssen aus dem Boden oder dem Meer geborgen werden, was größte Risiken birgt und zahlreiche Menschenleben kostet. Zu den genannten Naturprodukten reiht sich eine weitere Kategorie von Objekten, diejenigen nämlich, die an die Zeit früherer Herrscher erinnern:

> the great steles, sacrificial vessels, bronze inscriptions, poems, prefaces, and dedicatory essays written by sage rulers and worthy officials from the Han and Wei dynasties down to today; and calligraphy by various masters[15]

Ouyang stellt die natürlichen Ressourcen, seien sie tierischen oder mineralischen Ursprungs, den historischen gegenüber – also den unterschiedlichen Spuren vergangenen menschlichen Tuns. Die Liste der *naturalia* ist ganz eindeutig, unter den *artificialia* hingegen finden sich auch Altertümer. Wie ein Buchhalter verzeichnet der Antiquar alle menschlichen Taten der Vergangenheit, wobei er mit ganz besonderer Sorgfalt vorgehen muss. Die Suche nach den einzelnen Teilen ist zugleich zwanghaft und großartig, sie ist von einer Art frommen Gedenken an große Männer und große Werke geprägt:

---

[14] Ronald Egan, *The Problem of Beauty, Aesthetics Thought and Pursuit of the Past In Northern Song Dynasty China*, Cambridge 2006, S. 11.

[15] Ebd., S. 11–12.

they [the enumerated works] are the most bizarre and extraordinary, majestic and striking, skillfully crafted, and delightful of material things. They are not found in remote places and acquiring them does not involve danger or risk. Why is it, then, that exposed to the elements and ravaged by war, they are abandoned and damaged, and lie strewn about amid hillsides and ruins where no one gathers them up?[16]

Der Antiquar ist ein Friedensstifter, der seine eigene Gegenwart mit einer vernachlässigten, verlassenen und – noch schlimmer – vergessenen Vergangenheit versöhnen will. Er allein verspürt den unwiderstehlichen Reiz der alten Werke, wodurch er sich von den anderen Sammlern unterscheidet, die von der Seltenheit und Fremdheit ihrer Stücke verblendet sind. Die *naturalia* finden sich grundsätzlich in fernen Gebieten und es müssen große Strecken zurückgelegt und Risiken eingegangen werden, um sie zu erwerben. Die Werke des Altertums hat der Sammler zwar „zur Hand", doch muss er auch in der Lage sein, sie zu erkennen und zu schätzen.

Im Abendland war es Petrarca, der erstmals eine solche Denkweise vertrat. Er selbst hatte jedoch keinen Anteil daran, die Werke des Altertums zu sammeln, zu bündeln, zu restaurieren und zu publizieren. Ouyang Xiu vereint Petrarcas Begeisterung für alte Geschichte mit dem Wunsch, Werke vergangener Zeiten zu schützen und wiederherzustellen. Er ist sich der Distanz bewusst, die zwischen Gegenwart und Vergangenheit gewonnen werden muss, um die antiken Objekte methodisch untersuchen zu können. Bis zu diesem Zeitpunkt hatte, so Salvatore Settis, das Vergangene ganz im Zeichen der Kontinuität gestanden. Die Gegenstände waren Überreste, Relikte einer Großartigkeit, die in beständigen Ritualen nachhallte. Die Überlegungen Ouyangs sind neuartig und bilden das Fundament einer anderen Denkweise. Sie eröffnen dem Antiquar ein bis dahin vernachlässigtes oder verschwiegenes Feld für Überlegungen und Kritik. Die chinesischen Gelehrten müssen sich nicht, wie die Schreiber der Renaissance, vom Schatten der Ruinen lösen, der das Verhältnis zur Vergangenheit verdunkelt. Vielmehr müssen sie die Ruine von der Gegenwart lösen und die zahlreichen Spuren alter Gesellschaften wiederfinden, die das Menschengedenken vergessen hat. Ouyang ist nicht wie Pausanias darauf aus, eine antike Landschaft zu rekonstruieren, die durch sukzessive Veränderungen und Zerstörungen unkenntlich gemacht wurde. Er will nicht wie Petrarca (und später Biondo und seine Nachfolger) die Denkmäler der *Urbs* unter der dicken Sedimentschicht freilegen. Wie John Aubrey oder Thomas Brown akzeptiert er vielmehr die Tatsache, dass das Altertum aus Fragmenten besteht,

---

[16] Ebd., S. 12.

aus Relikten, die der Antiquar zu ordnen und zu deuten sucht. Diese Altertümer sind nicht nur prächtig und wundervoll, sie sind auch „most bizarre and extraordinary". Der Antiquar muss das Fragmentarische, Rätselhafte und Zerbrechliche akzeptieren, er muss mit äußerst verwitterten Spuren und verwirrenden Objekten umgehen. Im 18. Jahrhundert vergleicht der Comte de Caylus die „froids Apollons" (kalten Apollos) mit den „guenilles" (zerlumpten) untergeordneten oder unvollständigen Werken, die weitaus mehr offenbaren als die schönsten und am besten erhaltenen Statuen.[17] Wie Caylus interessiert sich Ouyang für das, was andere vernachlässigen: „I busy myself with gathering in what other people would throw away".[18]

Durch seine Erfahrung weiß der Antiquar um die Umkehrbarkeit der Dinge. Inschriften im härtesten Stein sind oftmals schlimmer beschädigt als einige Manuskripte, Fragmente sind bisweilen wahrheitsgetreuer als vollständig erhaltene Texte. In seinen Exkursionen, Beobachtungen und Austauschen ist Ouyang auf der Suche nach einem weiteren Sinn, der über die schiere Anhäufung von Werken hinausgeht, seien sie noch so selten, seltsam und geheimnisvoll. Mit beispielloser Klarheit hat Walter Benjamin eine solche Philosophie des Sammelns definiert:

> So ist das Dasein des Sammlers dialektisch gespannt zwischen den Polen der Unordnung und der Ordnung. Es ist natürlich noch an vieles andere gebunden. [...] Sodann: an ein Verhältnis zu den Dingen, das in ihnen nicht den Funktionswert, also ihren Nutzen, ihre Brauchbarkeit in den Vordergrund rückt, sondern sie als den Schauplatz, das Theater ihres Schicksals studiert und liebt.[19]

So verstanden ist die Sammlung eine Askese, ein „Weg", um das Beschädigte zu sanieren, eine Ordnung zur Bekämpfung der aus Erosion und Vergessen erzeugten Unordnung. Auf seiner Sinnsuche vollzieht Ouyang einen weiteren Schritt. Der Fokus seiner Neugier richtet sich nicht auf die Objekte selbst, insbesondere Bronzevasen, sondern auf die Abklatsche der Inschriften, also die Spuren der Spuren: So lautet auch sein Werk *jigu lu*, also „Sammlung von Spuren der Vergangenheit". Der revolutionäre Gedanke Ouyangs besteht darin, seinen Abklatschen neues Leben einzuhauchen und die drohende Erosion der Inschriften vorwegzunehmen:

---

[17] Charles Nisard (Hg.), *Correspondance inédite du Comte de Caylus avec le père Paciaudi théatin*, Paris 1878, S. 9.
[18] Egan, Beauty (wie Anm. 14), S. 20–21.
[19] Walter Benjamin, Ich packe meine Bibliothek aus. Eine Rede über das Sammeln, in: Ders., *Gesammelte Schriften*, hg. v. Rolf Tiedemann u. Hermann Schweppenhäuser, Bd. 4/1, Frankfurt/Main 1972, S. 388–396, hier S. 389.

Fearing that copying them over would introduce mistakes, I have had the rubbings themselves mounted and bound together. The collection has its orderly arrangement but not according to the original date of each inscription. Since there are so many pieces, and I am still acquiring new ones, I simply add each one to the compilation in the order it is received.[20]

Indem er die Dauer der Inschrift über deren materielle Lebenszeit hinaus gewährleistet, stellt sich der Antiquar der Herausforderung der Zeit, der Witterung und der verschiedenen Zerstörungen, die die Materialität der Gegenstände gefährden. Die Abklatsche sind der Spiegel der Inschriften, sie verlängern ihre Existenz im Rahmen einer Sammlung, die sich an künftige Gelehrte richtet, und verleihen ihnen einen neuen Sinn. Diese Strategie ist aufgrund der Offenheit ihrer Dokumentationsmethode höchst originell: Die Abklatsche werden nach ihrem Eingangsdatum geordnet, wobei ein analytischer Katalog das Navigieren zwischen unterschiedlichen Inschriftentypen ermöglicht.

In seinem *Recueil d'antiquités* verwendet Caylus genau dieselbe Technik und plädiert somit für eine Beweisführung durch die Objekte selbst:

> Was den Rang betrifft, welches jedes Denkmal für sich in seiner Klasse einnimmt, so hätte ich ihn zwar, wiewohl nicht ohne Mühe, ohngefähr nach der Zeitordnung einrichten können. Ich wollte aber lieber eine andere Einrichtung erwehlen, welche eine jede Kupfertafel dem Auge desto annehmlicher machet. Über dieses besaß ich damals alle diejenigen Stücke noch nicht, welche in dieser Sammlung enthalten sind, als ich mich entschloß, selbige ans Licht treten zu lassen: es ist mir auch so gar ein grosser Theil der selben erst nach der Abzeichnung etlicher Tafeln in die Hände gekommen.[21]

Das Eingangsdatum der Stücke und ihre Präsentation haben den Vorrang vor der chronologischen Abfolge. Für Caylus und Ouyang geht es beim Sammeln und Publizieren von Altertümern darum, das Vergessen von Dingen und Lebewesen zu bannen.

Indem er seine Abklatsche zusammenstellt, stellt Ouyang sich auch der drohenden Verstreuung und Zerschlagung seiner eigenen Sammlung:

---

[20] Egan, Beauty (wie Anm. 14), S. 12.

[21] A l'égard du rang que chaque monument en particulier occupe dans sa classe, j'aurois pu quoique avec peine l'assujettir à-peu-près à l'ordre des temps mais j'ai mieux aimé suivre une autre distribution qui rend chaque Planche plus agréable à l'œil. D'ailleurs je n'avais pas tous les morceaux qui sont contenus dans ce Recueil lorsque j'ai entrepris de le donner au public : il m'en est même arrivé une grande partie après la gravure. [Anne Claude Philippe de Caylus, *Recueil d'Antiquités*, Paris 1752, I, S. X. Dt. Übers.: *Des Herrn Grafen Caylus Sammlung von aegyptischen, hetrurischen, griechischen und römischen Alterthümern* (Bd. 1), Nürnberg 1766, S. VII].

Knowing that a collection as large as this is bound eventually to be broken up, I have chosen the essentials concerning them and entered them in a separate catalogue of colophons, where I have also recorded the facts they contain that may be used to correct the textual historical record. It is my hope that this will be transmitted to future scholars as a contribution to learning.[22]

Die Objekte sind nichts als Dinge, die beschädigt, zerstört oder verloren werden können. Der Antiquar jedoch wandelt sie in Spuren um, die er wiederum in einem Katalog verzeichnet, der für das Fortbestehen seiner gesammelten Informationen ein resistentes Hilfsmittel darstellt. Sein Bewusstsein um die Risiken einer Überlieferung, die über die Generationen hindurch Bestand haben soll, stellt Ouyang in die Nachfolge Thukydides', der durch die Vollkommenheit seiner Ideen und seines Stils ein „ewiges Werk" schaffen wollte. Der chinesischen Tradition entsprechend blickt Ouyang der Vergangenheit jedoch nicht direkt ins Auge, sondern wie durch einen Spiegel, indem er sein Erinnerungswerk zum Schutz der „Ruine der Ruine" (im Sinne Benjamin Pérets)[23] um eine Metaebene erweitert.

Ouyang ist kein einfacher Sammler. Ähnlich wie Nicolas-Claude Fabri de Peiresc begreift er seine Sammlung als Wissenswerkzeug, weshalb er sein Untersuchungsfeld gewissermaßen einschränken muss. Bronzevasen interessieren ihn nicht um ihrer selbst willen, sondern als Inschriftenträger. Die Botschaft ist ihm wichtiger als der Gegenstand; die Zuverlässigkeit der Quellen (von den europäischen Antiquaren des 16. Jahrhunderts auch als *fides* bezeichnet) hat für ihn Vorrang vor der Materialität der Objekte selbst. Ouyang ist nicht auf der Suche nach den berühmtesten Gegenständen. Für ihn zählen vielmehr der Inhalt der Texte und die Bedeutung der Autoren sowie die historischen, moralischen und ästhetischen Lehren, die er aus den Inschriften ziehen kann. Im Gegensatz zu den Kaisern und ihren Funktionären, die sich vor allem für die Kalligraphie begeisterten, für die Pracht der Briefe der alten Meister, für die intrinsische Schönheit der mustergültigen Schriftzeichen (*fa*), interessiert sich Ouyang eher für gewöhnlichere Schriftformen auf steinernem oder metallischem Grund. Ronald Egan betont, dass „Ouyang lifted his eyes from the standard calligraphy copybooks and reproductions of hallowed models and gazed out at faded writing on stones that were scattered here and there through the landscape."[24] Die Spuren der Vergangenheit

---

[22] Egan, Beauty (wie Anm. 14), S. 12.
[23] Benjamin Péret, Ruines. Ruine des ruines, in: *Minotaure* 12–13 (1939), S. 59–64.
[24] Egan, Beauty (wie Anm. 14), S. 17.

(*gu*) bilden das Herzstück seiner gigantischen Kompilation. Die Systematik, die er für das Sammeln von Abklatschen begründete, stellte für die Epigraphik als Disziplin einen qualitativen wie quantitativen Sprung dar. Dessen waren sich seine Nachfolger und Bewunderer durchaus bewusst, so auch der bedeutende Konfuzianer Zhu Xi: „*The collecting and recording of inscriptions on metal and stone was something unknown in ancient times. The practice began with Ouyang Xiu.*"[25]

Ouyang unterscheidet sich von seinen Zeitgenossen und von der vorherrschenden Tradition durch die Weitsicht seiner dokumentarischen Strategie und durch seine Fähigkeit zur Selbstanalyse. Kein anderer Antiquar, außer vielleicht Pereisc im Abendland, hat eine solch klare und präzise Analyse der eigenen Ziele und Methode hinterlassen. Seine eigene Erfahrung macht ihm Bewusst, dass der Zustand der Inschriften sich allmählich verschlechtert, als er nach zwanzig Jahren eine Stele des Konfiziustempels betrachtet, auf der er als Kind die Kalligraphie geübt hat:

> Twenty years later, when I obtained this copy, the engraved characters were as badly deteriorated and incomplete as seen here. Moved by the thought that all material things eventually go to ruin, and realizing that even metal and stone, for all their hardness, do not last forever, I resolved to collect and record inscriptions left to us from ancient times and preserve them.[26]

Der Epigraphiker und Antiquar studiert nicht bloß Inschriften, er muss die Denkmäler auch vor Ort in ihrem Kontext betrachten. Seine Arbeit dreht sich stets um die Notwendigkeit des Erhalts von Erinnerung. Vor einer Han-Stele mit dem Titel „Inschrift für Meister Wang, Kammerherr des Palastes" wird Ouyang von seinen Gefühlen übermannt:

> The words are so badly obliterated that most of the inscription can no longer be read. [...] Neither the subject's given name, his official positions, nor the month and year of his death can be ascertained any longer. It is only because of the heading [...] that we know that he lived during the Han dynasty, was surnamed Wang, and once held the title of gentleman of the palace. The fact is, all things with material form inevitably deteriorate and go to ruin.[27]

Hierbei fällt auf, wie sehr der konfuzianische Ansatz mit der stoischen Tradition der griechisch-römischen Welt übereinstimmt. Ouyangs Worte drücken die Flüchtigkeit der Erinnerung und die Unbeständigkeit von Mensch und Welt ebenso radikal zum Ausdruck wie die Schlussverse des berühmten Ausonius-Gedichts:

---

[25] Ebd., S. 14.
[26] Ebd., S. 21.
[27] Ebd., S. 44.

Und nicht könnte jemand, [wer]
hier liegt, durch sichere Anzeichen erkennen.
Da ihre Gestalten verstümmelt sind, liegen die Elemente zerrissen,
alles ist, da die Zeichen verwirrt sind, vergangen.
Sollen wir uns wundern, dass Menschen zugrunde gegangen sind?
Denkmäler klaffen auseinander,
Tod kommt auch für Felsen und Namen.[28]

So begriffen stellt die epigraphische Forschung einen Frömmigkeitsakt dar, ähnlich der verzweifelten Suche der ägyptischen und mesopotamischen Schreiber nach alten Inschriften. Ouyang drückt seine Gefühle jedoch noch stärker aus als die ägyptischen Dichter oder die römischen Antiquare, indem er eine von Trauer und Anteilnahme geprägte poetische Haltung einnimmt, wie sie für die Tang-Dichtung ganz typisch ist. Eine Inschrift aus seinem Korpus ist eine Liste von fünfhundert Männern, die zwischen 735 und 935 n. Chr ihre Namen in den Berg Hua einschrieben. Als Kolophon dient ein langer Kommentar zum Leben dieser illustren wie anonymen Männer, der auf folgende Weise endet:

> In these two hundred years, whether it was during orderliness or turmoil, prosperity or decline, those who departed and those who arrived, the first and the last, though they were unalike in their worldly fortune and the length of their lives, in the end these five hundred men all shared the same end in death. The winds and frosts through the years have cracked their names, so that while some are still preserved others have been lost. The only thing completely intact is the five-thousand-fathom mountain of rock. So I have made this special record of the inscription. Whenever I place my hand on the rubbing, I am overcome with emotion. Am I not like he who stood beside the great river and sighed for what had flowed past?[29]

Dieses poetische Denkmal zu Ehren all der Namenlosen und Berühmtheiten, die den Berg besuchten, ist, so Ronald Egan, die Abwandlung eines klassischen Gedankens Konfuzius'. Dieser bewundert die ständig erneuerten Wässer eines Flusses, die den unendlichen Weg verkörpern oder aber das unermüdliche Streben des überlegenen Menschen nach Perfektion. Der Dichter bringt hier das Gefühl seiner eigenen Vergänglichkeit angesichts all dieser verronnenen Leben zum Ausdruck.

Die Modernität des Ouyang Xiu liegt in der Mischung aus Kollektivem und Singulärem, aus Rationalem und Emotionalem, aus Fortbestehen und Vergänglichkeit. Er versteht die Praxis der Epigraphik als Wissenschaft wie auch als Askese und Ästhetik –

---

[28] Decimus Magnus Ausonius, Epigramm 37 [Über den Namen eines gewissen Lukius, gemeißelt in Marmor], in: Ders., *Sämtliche Werke*, Bd. 1: (Auto-)biographische Werke, hg., übers. und komm. v. Paul Dräger, Trier 2012, S. 209.

[29] Egan, Beauty (wie Anm. 14), S. 51.

dies macht ihn zu einem echten Ruinendenker. Er weiß um die Zerbrechlichkeit der Lebewesen und der Dinge, er strahlt souverän auf die Erinnerungsethik und antizipiert weitgehend Diderots Überlegungen zur Pluralität der Zeiten und zur Erinnerungserfahrung.[30] Das Verblüffende daran ist, dass all dies auf einer essenziellen Technik beruht, nämlich dem Abklatsch als Werkzeug im Kampf gegen den Verfall der Dinge.

Zurück ins Abendland: Denkmäler und Spuren

Im Abendland gibt es vor der Renaissance zwar nichts Vergleichbares, doch die Spannung zwischen der Materialität der Ruinen und der Immaterialität der Spuren ist schon bei den Kirchenvätern deutlich zu spüren. Im Zuge des großen Umbruchs, als das Christentum ab Konstantin alle Schauplätze des Lebens Christi zu Denkmälern erhob, stellte die Suche nach Reliquien einen kategorischen Imperativ dar. Ausgrabung, Wiederverwendung und Wiederaufbau waren in Rom und Jerusalem entscheidend:

> Diese kultischen Stätten sind nicht nur heilig, sondern bezeichnen auch einen Flecken Erde, dessen Lage im Raum genau bestimmt ist. Wie alles Stoffliche besitzt dann diese räumliche Lage auch die Neigung, fortzudauern. Und es gibt hier dann etwas fast Mechanisches an der Kraft, welche die Menschen an eine solch heilige Stätte bindet.[31]

In Rom rangen zwei Traditionen (die heidnische und die christliche) um die Kontrolle über den Raum und die Denkmäler, in Palästina waren es aufgrund der jüdischen Tradition drei, was die Dinge komplexer und angespannter gestaltete. Halbwachs' Bemerkung unterstreicht die Tatsache, dass ein Teil des Konflikts an bestimmten Stätten ausgetragen wurde, an klar definierten Orten, die materiell entscheidend waren. Dort trafen die gegensätzlichen Erinnerungen aufeinander, dort wurden Streitigkeiten durch Ausgrabungen, Aufschüttungen und Umbauten (zeitweise) geregelt. Im Christentum besaß die Ausgrabung einen hohen Symbolwert, da sie seit der Thronbesteigung Konstantins zur materiellen Beweisführung diente, zur Produktion von Daten, die für die Begründung einer autonomen christlichen Tradition ebenso wichtig waren wie das

---

[30] Siehe Roland Mortier, *La poétique des ruines en France. Ses origines, ses variations, de la Renaissance à Victor Hugo*, Genf 1974, S. 88–106.

[31] En dehors de son caractère sacré, le lieu de culte est une partie du sol dont la position dans l'espace est définie. Comme tout ce qui est matériel, cette position tend à demeurer ce qu'elle est. Il y a je ne sais quoi de mécanique dans la force qui retient les hommes autour d'un lieu consacré. [Maurice Halbwachs, *La Topographie légendaire des Évangiles en Terre Sainte, Étude de mémoire collective*, Paris 1971, S. 126. Dt. Übers.: *Stätten der Verkündigung im Heiligen Land. Eine Studie zum kollektiven Gedächtnis*, hg. und übers. v. Stephan Egger, Konstanz 2003, S. 165.]

Verfassen der Evangelien und der Apostelgeschichte. Es fand also eine Traditionswende statt: Bevor Konstantin den religiösen Kolonisationseifer beförderte, war die Kirche heiligen Orten gegenüber misstrauisch gewesen, da sie davon ausging, dass Gott allgegenwärtig war. Das Festhalten an solchen Stätten war für sie eher Ausdruck heidnischer oder jüdischer Traditionen, die im Gegensatz zum ganz und gar spirituellen christlichen Anspruch standen. Mit der Entscheidung Konstantins, die in der Bevölkerung auf breite Zustimmung stieß, schwenkten die Gelehrten und die gesamte Kirche in das Lager der Förderer der heiligen Stätten und des Reliquienkultes um.[32] Eusebius von Caesarea und nach ihm Augustinus mussten sich einer Denkweise anschließen, die gegen ihre eigene theologische Geradlinigkeit verstieß. Robert Markus hat deutlich gemacht, dass die Kirche durch den Kult der Märtyrer und heiligen Stätten vom Status der leidenden Kirche zur siegreichen Kirche übergehen konnte. Nun, da sie nicht mehr verfolgt wurden, konnten die Christen sich dem Gedenken an ihr Unglück widmen: „Durch die Märtyrer und ihre Reliquien wurde das Vergangene wieder hervorgerufen und die Kluft zwischen Vergangenheit und Gegenwart aufgehoben."[33]

Für Konstantins Zeitgenossen war die Christianisierung der Passionsstätten Christi zwingend erforderlich. Ein solch langatmiges Vorhaben bedurfte des Wissens, der Mittel und des Enthusiasmus, die einzig die Protektion des christlichen Kaisers und die Frömmigkeit seiner Mutter Helena gewährleisten konnten. So fußt eine ganze Tradition auf der Pilgerfahrt der verwitweten Kaiserin an die heiligen Stätten des Christentums:

> Als sie [Helena] sich auf Jerusalem besann, war sie von Gottes Plan erfüllt, wie der Ausgang zeigte, und bat ihn [Konstantin] als Mitregentin mit dem Namen <Augusta>, ihr die Möglichkeit zu geben, alle Orte dort, auf die der Herr seine Schritte [*vestigia*] gesetzt hatte und die gekennzeichnet waren vom Andenken an die göttlichen Werke uns gegenüber, durch die Zerstörung von Tempeln und Götzenbildern von der Seuche weltlicher Gottlosigkeit zu reinigen und ihrem Glauben zurückzugeben. So sollte die Kirche endlich im Land ihres Ursprungs belebt werden.[34]

Paulinus von Nola verwendet ein sehr präzises Vokabular. Konstantin beauftragt die Kaiserin mit einer theologischen Mission und stattet sie hierfür mit dem alten imperialen Titel *Augusta* aus. Die Tragweite und der Ernst des Vorhabens sind offensichtlich.

---

[32] Robert Markus, Come poterono dei luoghi diventare santi?, in: *Pagani e cristiani da Giuliano l'Apostata al sacco di Roma*; Atti del Convegno internazionale di studi (Rende, 12.–13.11.1993), Catanzaro 1995, S 173–180.
[33] Ebd., S. 178. Dt. Übers. NV.
[34] Paulinus von Nola, Brief 31,4, in: *Epistulae – Briefe*, 3 Bde., übersetzt und eingeleitet von Matthias Skeb, Freiburg (u. a.) 1998, S. 737.

Die Kirche soll die ihr gebührende Stellung einnehmen, die ihr die römische Verwaltung und die jüdische Kultur verweigert hatten. Um ihre Ziele zu erreichen, benötigt die Kaiserin Informationen und Mittel, um unerwünschte Denkmäler zu zerstören, im Boden zu graben und Kultstätten zu errichten. Sie greift auf ihr persönliches Vermögen zurück, setzt – wortwörtlich – Himmel und Erde in Bewegung und schließlich *„aedificatis basilicis contextit omnes et excoluit locos"* (versah sie alle Stätten mit Basiliken und verschönerte sie). Ein breit angelegtes *renovatio*-Programm also, das zweifellos nichts vom ursprünglichen Zustand der Stätten übrigließ. So gesehen steht Konstantins Denkmaldoktrin in völligem Einklang mit seinen heidnischen Vorgängern. Der Schutz der Denkmäler bedeutet in erster Linie deren systematische Rekonstruktion.

Die Ruinen jedoch besitzen ihre eigenen Eigenschaften, die sich bisweilen der oftmals brutalen *renovatio* der Kaiser und ihrer Architekten widersetzen. Paulinus von Nola und sein Zeitgenosse Sulpicis Severus berichten von einer erstaunlichen Begebenheit. An der Stelle, wo Christus in den Himmel fuhr, verweigert sich der Boden jeglicher Verschönerung und Bebauung:

> Dabei ist es aber wundersam, daß in der Himmelfahrtsbasilika nur jene Stelle, von wo der Herr in eine Wolke aufgenommen wurde, emporstieg und unsere Gefangenschaft in seinem Fleisch gefangen abführe, so durch die göttlichen Fußspuren geheiligt sein soll, daß sie nie einen Marmor- oder Plattenbelag angenommen hat und vom Boden alles abgestoßen worden ist, was eine Hand im Eifer, ihn zu schmücken, versucht hat, dort anzubringen – der Boden hat es verschmäht. Deshalb bleibt der Fußboden im ganzen Raum der Basilika grün entsprechend dem Aussehen seines Untergrundes. Und der Sand bewahrt sichtbar und zugleich berührbar für die, die den von Gott beschrittenen Staub verehren, die eingeprägte Würde der göttlichen Füße[35]

Genau wie die hölzernen und strohernen Rudimente der berühmten Romulushütte auf dem Palatin, die quasi unveränderlich waren und jedem Musealisierungsversuch widerstanden, weigert sich der Fußabdruck Christi ironisch gegen den christlichen Bergungs- und Rekonstruktionseifer. Der einfache Fußabdruck (*vestigium*) im Staub ist ebenso wirksam wie ein edler, glänzender Marmorfußboden, um die Erinnerung aufrechtzuerhalten und zwischen Pilger und Stätte ein intensives Gefühlsband zu knüpfen. Sulpicius Severus geht noch einen Schritt weiter, wenn er im selben Zusammenhang schreibt: *„damnum tamen arena non sentiat, et eandem adhuc sui speciem, velut impressi signata vestigiis, terra custodit."* (Der Sand empfindet keinen Schaden, er bleibt sich selbst immer gleich, wie ein Stempel bleiben die Spuren im Boden geprägt).[36]

---

[35] Ebd., S. 737–739.
[36] Sulpicius Severus, *Chronicorum Libri duo*, 2, 33; 6–8. Dt. Übers. NV.

Die Erde ist die Hüterin der Erinnerung, sie offenbart dem, der sie zu beobachten weiß, Geheimnisse, die seit Jahrhunderten in ihr schlummern und die mündlichen oder schriftlichen Überlieferungen ergänzen, verändern und bestätigen. So gesehen stellt die Suche nach dem wahren Kreuz und dessen Auffindung durch Konstantins Mutter Helena eine ursprüngliche *revelatio* dar, also die Entdeckung dessen, was verborgen lag. Diese Begebenheit hat meines Erachtens einen großen Teil der mittelalterlichen Vorstellungswelt geprägt, da sie der Erforschung des Bodens und den dabei ausgegrabenen Relikten einen besonderen Status verliehen hat. Dies war für die Ausübung des Glaubens und das Sinnieren über die Vergangenheit ebenso wichtig wie das Meditieren der Texte oder das Aufsagen der Epen. Mit eindeutigen kaiserlichen Anweisungen und der Unterstützung der weltlichen und kirchlichen Autoritäten begab sich Helena auf die Suche nach der symbolträchtigsten aller Reliquien, dem wahren Kreuz.

In Ermangelung des Leichnams Christi, der ja *per definitionem* nicht mehr existiert, bietet das offensichtlichste Relikt seiner Passion dem Christentum eine unschlagbare symbolische Waffe. Dieses Symbol zeugt nicht nur von der Bekehrung der Seelen, sondern vor allem der kaiserlichen Institutionen. Etliche zeitgenössische Quellen berichten von der erfolgreichen Suche.[37] Vom göttlichen Geist beseelt entdeckt Helena bald den Ort, an dem die Kreuze vergraben wurden. Paulinus von Nola zufolge befragte die illustre Reliquienjägerin sogar *Judei peritissimi* („unter den Juden äußerst kundige Männer"), damit diese ihr halfen, den Ort zu entdecken. Als sich die unterschiedlichen Informanten einig waren, konnten die Ausgrabungen beginnen, an denen sich auch eine Schar von Bürgern und Soldaten beteiligte:

> Und gegen die Hoffnung aller, aber entsprechend der Überzeugung nur der Königin selbst kam durch tiefes Graben im geöffneten Schoß der Erde das Geheimnis des verborgenen Kreuzes ans Licht. Aber weil zugleich drei Kreuze [...] gefunden worden waren, begann sich [...] die Freude über deren Auffindung mit der ängstlichen Ungewißheit zu mischen[38]

Wie nun sollte das Kreuz Christi von denen der Schächer unterschieden werden? Die meisten Berichte schildern an dieser Stelle ein Gottesurteil: Man legt einen sterbenden Menschen neben die Kreuze; als er aufersteht, sind alle Gläubigen davon überzeugt, das wahre Kreuz identifiziert zu haben. Einzig die Überlieferung des Ambrosius schildert eine andere Version, deren antiquarischer Charakter nicht uninteressant

---

[37] Carmelo Curti, L'"inventio crucis" nell'epistola 31 die Paolino di Nola, in: Gennaro Luongo (Hg.), *Anchora vitae*. Atti del II Convegno Paoliniano (Nola, 18.–20.5.1995), Neapel/Rom 1998, S. 177–188.

[38] Paulinus, Brief 31,5 (wie Anm. 34), S. 741.

ist. Dem Evangelium zufolge wurde Christus zwischen zwei Schächern gekreuzigt, also ist das mittlere Kreuz das wahrscheinlichste, „sed poterat fieri, ut patibula inter se ruina confuderet, casus inverteret" (doch möglicherweise hatte die Verschüttung [ruina] die Kreuze durcheinander geworfen, der Zufall sie durcheinander gebracht). Wieder auf das Evangelium zurückgreifend heißt es weiter, dass das Kreuz Christi eine Tafel mit der Inschrift „Jesus Nazarenus, rex Judaeorum" trug.[39] Eben diesen *titulus*, den Pilates trotz des Widerstands der Juden anbringen ließ, entdeckt die Kaiserin auf dem Kreuz. Die Auffindung des wahren Kreuzes ist nicht bloß eine gut komponierte Hagiographie, sie wird im Falle Ambrosius' auch wie eine historische Evidenz dargestellt. Trotz der verstrichenen Zeit und aller Wechselfälle seiner Vergrabung ist dieses Kreuz wirklich das wahre Kreuz, wie der *titulus* unwiderlegbar bezeugt. Die Anbetung dieser außergewöhnlichen Reliquie stellt einen unerschütterlichen Glaubensbeweis dar, der keinesfalls mit den heidnischen Praktiken des Götzenkults zu verwechseln ist:

> Sie fand also die Aufschrift und betete den König, nicht fürwahr das Holz an; denn das wäre heidnischer Wahn und gottloser Aberglaube. Den vielmehr betete sie an, der am Holz gehangen, dessen Name auf der Überschrift [dem *titulus*] gestanden.[40]

Die Auffindung des wahren Kreuzes ist im Kontext der christlichen Kolonisation des Raums ein wichtiges Ereignis, und Hieronymus zufolge ist Palästina für alle Anhänger des christlichen Glaubens eine ganz besondere Provinz. Freilich weicht Ambrosius' Version von den mehrheitlichen Schilderungen des Abenteuers ab, doch gerade sie macht begreiflich, weshalb die im Boden aufgefundenen Reliquien im christlichen Abendland eine so bedeutende Rolle spielten. Das wahre Kreuz ist gewissermaßen die Mutter aller Reliquien, es ist mehr als ein *vestigium*, als eine Spur – es verkörpert wortwörtlich den Überrest, die Ruine eines wesentlichen Moments christlicher Geschichte und besitzt als solche besondere Eigenschaften. Eben weil das Kreuz die Wahrhaftigkeit der christlichen Überlieferung bezeugt, kann sein Kult nicht mit den heidnischen Praktiken der Anbetung von Holz und Steinen verwechselt werden.

---

[39] Ambrosius von Mailand, Trauerrede auf Kaiser Theodosius d. Gr. (De obitu Theodosii oratio), in: *Des heiligen Kirchenlehrers Ambrosius von Mailand ausgewählte Schriften*, aus dem Lat. übers. und ausgewählte kleinere Schriften, übers. und eingel. v. Joh. Ev. Niederhuber, Kempten/München 1917, 45–47.
[40] Ebd.

Das Kreuz Christi ist ein transzendentes Zeichen, das Gott den Gläubigen sendet. Seine Auffindung selbst bezeugt dies, wie Paulinus ausdrücklich erklärt. Das Kreuz lag mehrere Generationen lang versteckt, es blieb sowohl den Juden als auch den Heiden verborgen – dabei gruben Letztere ebenfalls in der Erde, um ihre Heiligtümer zu errichten. Außerdem ist diese Reliquie eine unerschöpfliche Quelle der Wohltat, zahllose Menschen können ihre Splitter erhalten und trotzdem bleibt sie unberührt (*„et quasi intacta permaneat cotidie dividua"*), genau wie die römischen Marmorsteinbrüche, von denen der Volksmund glaubte, dass sie sich mit jedem herausgeschlagenen Block erneuerten.[41]

Angesichts der Vergänglichkeit der Dinge ist der Glaube ein Werkzeug zur Wiederherstellung der nötigen Stabilität, mit dem ein Gleichgewicht zwischen Ruinen und Spuren gefunden werden kann, zwischen der allzu großen Fülle der Denkmäler und der Leere des Abdrucks, der kaum merklich den Boden prägt.

Georges Didi-Huberman hat ganz richtig erkannt, dass die charakteristische Eigenschaft des Abdrucks darin liegt, dass er eine Form offenbart, die sich aus *„ressemblance par contact"* (Ähnlichkeit durch Berührung) ergibt, wie etwa die Spuren von Tieren oder Menschen im Boden, von Gottheiten oder Helden in der Landschaft. Göttliche Geschöpfe können Stoffe wie das Grabtuch von Turin durchtränken,[42] man kann Lebewesen oder Gegenstände abgießen, um ihre Form zu verewigen. Was dann übrigbleibt von der Berührung zwischen dem Objekt und der Oberfläche, die dessen Kontur empfängt, ist der unmittelbare Abdruck des Lebewesens, der ihn hinterlassen hat (oder im Falle eines Abgusses: des Gegenstands, der reproduziert wird). Im byzantinischen Sinne könnte man von acheiropoetischen Abdrücken sprechen, also jenen der Lebewesen, und von „cheiropoetischen" Abdrücken, also Reproduktionen der Dinge. Die Kraft des Abdrucks liegt darin, dass er die physische Konsequenz einer Berührung ist. Er verweist auf etwas Mechanisches, auf den Eindruck, den ein Körper auf einer Oberfläche hinterlässt. Der Jäger nimmt die Fährte auf, der Hexer entnimmt aus einem Fußabdruck etwas Staub für ein Ritual, der Theologe erkennt auf dem Grabtuch das Antlitz Christi, der Prähistoriker entdeckt an der Wand einer altsteinzeitlichen Höhle den Abdruck einer Hand oder Kinderschritte auf einer Erd-

---

[41] Plinius, Naturgeschichte, XXXVI, 24, 20.
[42] Didi-Huberman, Ressemblance (wie Anm. 9), S. 76–88.

schicht, die seit Jahrtausenden nicht mehr betreten wurde. Allen ist gemeinsam, dass sie mit der Gewissheit einer noch deutlich sichtbaren, jedoch vergangenen Gegenwart konfrontiert werden.

Im Abguss einer Stele bzw. im Abklatsch einer Inschrift bleibt ein wenig von diesem Mysterium erhalten. Sie sind die exakte Replik einer Sache in genau dem Zustand des Tages, an dem sie entstanden. Die Ruine ist ein Gebäude oder ein Gegenstand, der infolge einer Rückkehr der Kultur zur Natur verfallen ist. Ob imposantes Denkmal oder kleines Scherbenhäufchen – ihr sichtbarer Niedergang verzeichnet den Lauf der Zeit. Der Abdruck verweist auf etwas gänzlich anderes: Er ist die einzigartige, quasi unmittelbare Spur einer vor kurzer oder langer Zeit erfolgten Berührung zwischen einem Lebewesen und einem Träger. Diese Berührung kann ungewollt oder gewollt sein, wie im Falle einer Totenmaske oder beim Abguss eines Reliefs.

Bleibt eine Aporie: Wie hängen die Begriffe der Spur, des Abdrucks und des Relikts zusammen? Jean Greisch hat sich mit dieser Frage befasst und ist zu folgendem Schluss gekommen:

> Ist die „Spur" ein allgemeiner Begriff, dessen Untergattungen der „Abdruck" und das „Relikt" sind? Muss jede Spur als Relikt, Rest oder Überbleibsel gedacht werden? [...] Am einfachsten verhält es sich mit dem Relikt. Alles, was eine längst abgeschlossene Vergangenheit betrifft, ist ein Relikt: eine Burgruine, eine Ausgrabungsstätte, ein Familienschmuckstück.[43]

Die hiesigen Ausführungen mahnen jedoch zu einer gewissen Vorsicht. Im Zusammenhang mit der Spur unterscheidet sich das Relikt gänzlich von der Ruine. Meines Erachtens ist es ein materielles Zeichen, nicht die Dublette der Ruine sondern vielmehr deren Gegenpol, und ähnelt eher Greischs Definition des Abdrucks, die auch mit Didi-Hubermans Überlegungen übereinstimmt: „Der Abdruck ist, rein semiotisch betrachtet, die Wirkung einer Sache, die sich in eine andere Sache einprägt."[44]

Es ist fast unmöglich, die unterschiedlichen Bedeutungsebenen von Spur, Relikt und Abdruck genau zu fassen. Allerdings liefert die Etymologie für die französischen Begriffe *trace*, *vestige* und *empreinte* zumindest einen Lösungsansatz. *Vestige* (lat. *vestigi-*

---

[43] „La ,trace' est-elle un terme générique dont ,l'empreinte' et le ,vestige' sont des sous espèces? toute trace doit-elle être pensée comme vestige, résidu, reste? [...] Le cas de vestige est le plus simple. Peut être dit ,vestige' tout ce qui traite d'un passé révolu: la ruine d'un château, un site archéologique, un bijou de famille. Jean Greisch, Trace et oubli. Entre la menace de l'effacement et l'insistance de l'ineffaçable, in: *Diogène*, 2003, 1, S. 82–106 (hier S. 99). Dt. Übers. NV.

[44] L'empreinte, envisagée dans une optique purement sémiotique est l'effet d'une chose qui laisse sa marque sur une autre. Ebd. Dt. Übers. NV.

um) meint ursprünglich die Fußspur, wobei das alte lateinische Wort allmählich durch *empreinte* („Abdruck") ersetzt wurde, das dem Wörterbuch Littré zufolge eine „figure marquée par impression" (durch Aufdrücken entstandene Gestalt) bezeichnet. Der Zusammenhang zwischen *trace* und *vestige* wiederum geht aus der Littré-Definition von *trace* klar hervor: „*vestige qu'un homme ou un animal laisse à l'endroit où il a passé*" (Relikt bzw. Spur, die ein Mensch oder Tier hinterlässt, wo er oder es vorbeigegangen ist). Seinen Ursprung hat *trace* im lateinischen Verb *trahere* und dessen Partizip *tractus*: „einen Strich ziehen". *Trace* ist die Spitze eines Bedeutungsdreiecks, dessen beiden anderen Spitzen *empreinte* und *vestige* sind. Ihr Sinn mag sich gewandelt und erweitert haben, doch verweist jeder dieser Begriffe auf eine Tat, die etwas hinterlässt, ein sichtbares Zeichen auf einem Träger – sei es eine Oberfläche, ein Fels oder ein Stoff – und das dem, der es zu entziffern weiß, ein semiotisches Erkenntnispotenzial bietet.

Literaturverzeichnis

Ambrosius von Mailand, Trauerrede auf Kaiser Theodosius d. Gr. (De obitu Theodosii oratio), in: *Des heiligen Kirchenlehrers Ambrosius von Mailand ausgewählte Schriften*, aus dem Lat. übers. und ausgewählte kleinere Schriften, übers. und eingel. v. Joh. Ev. Niederhuber, Kempten/München 1917, S. 45–47.

Arnim, Hans, *Stoicorum veterum fragmenta*, Bd. I, Frag. 106 (Z. 30–31), Stuttgart 1964, S. 29–32. Dt. Übers. in Rainer Nickel (Hg.), *Stoa und Stoiker*. Griechisch – Lateinisch – Deutsch, Bd. I, Zürich 2008.

Assmann, Jan, *Stein und Zeit: Mensch und Gesellschaft im alten Ägypten*, München 1991.

Benjamin, Walter, Ich packe meine Bibliothek aus. Eine Rede über das Sammeln, in: Ders., *Gesammelte Schriften*, hg. v. Rolf Tiedemann u. Hermann Schweppenhäuser, Bd. 4/1, Frankfurt/Main 1972, S. 388–396.

Borges, Jorge Luis, Tlön, Uqbar, Orbius Tertius, in: Ders., *Fiktionen*, Erzählungen 1939–1944, übers. v. Karl August Horst (u. a.), Frankfurt/Main 1992, S. 15–34.

de Caylus, Anne Claude Philippe, *Recueil d'Antiquités*, Paris 1752, I. Dt. Übers.: *Des Herrn Grafen Caylus Sammlung von aegyptischen, hetrurischen, griechischen und römischen Alterthümern* (Bd. 1), Nürnberg 1766.

Charleton, Walter, *Chorea Gigantum, or the most famous antiquity of Great Britain*, London 1725 [1663].

Curti, Carmelo, L'"inventio crucis" nell'epistola 31 die Paolino di Nola, in: Gennaro Luongo (Hg.), *Anchora vitae*. Atti del II Convegno Paoliniano (Nola, 18.–20.5.1995), Neapel/Rom 1998, S. 177–188.

Decimus Magnus Ausonius, Epigramm 37 [Über den Namen eines gewissen Lukius, gemeißelt in Marmor], in: Ders., *Sämtliche Werke*, Bd. 1: (Auto-)biographische Werke, hg., übers. und komm. v. Paul Dräger, Trier 2012, S. 209.

Didi-Huberman, Georges, *La ressemblance par contact, archéologie, anachronisme et modernité de l'empreinte*, Paris 2008.

Egan, Ronald, *The Problem of Beauty, Aesthetics Thought and Pursuit of the Past In Northern Song Dynasty China*, Cambridge 2006.

Greisch, Jean, Trace et oubli: entre la menace de l'effacement et l'insistance de l'ineffaçable, in: *Diogène*, 2003, 1, S. 82–106.

Halbwachs, Maurice, *La Topographie légendaire des Évangiles en Terre Sainte, Étude de mémoire collective*, Paris 1971, S. 126. Dt. Übers.: *Stätten der Verkündigung im Heiligen Land. Eine Studie zum kollektiven Gedächtnis*, hg. und übers. v. Stephan Egger, Konstanz 2003.

Horaz, *Oden*, III, 30.

Hsu, Ya-hwei, Antiquaries and Politics: Antiquarian Culture of the Northern Song, 960–1127, in: *World Antiquarianism: Comparative Perspectives*, hg. v. Alain Schnapp (u. a.), Los Angeles 2014, S. 230-248.

Seneca, Lucius Annaeus, *Ad Lucilium, Epistulae morales* LXX–CXXIV, [CXXV] – *An Lucilius, Briefe über Ethik*, 70–124, [125], übers., eingel. und m. Anm. vers. v. Manfred Rosenbach, Darmstadt 1987, S. 379–381 (14. Buch, 91. Brief, 11–12).

Labat, René (u. a.), *Les religions du Proche-Orient. Textes et traditions sacrées babyloniens-ougaritiques-hittites*, Paris 1970, S. 115–116.

Markus, Robert, Come poterono dei luoghi diventare santi?, in: *Pagani e cristiani da Giuliano l'Apostata al sacco di Roma*; Atti del Convegno internazionale di studi (Rende, 12.–13.11.1993), Catanzaro 1995, S 173–180.

Mortier, Roland, *La poétique des ruines en France. Ses origines, ses variations, de la Renaissance à Victor Hugo*, Genf 1974, S. 88–106.

Nisard, Charles (Hg.), *Correspondance inédite du Comte de Caylus avec le père Paciaudi théatin*, Paris 1878.

Paulinus von Nola, Brief 31,4, in: *Epistulae – Briefe*, 3 Bde., übers. u. eingel. von Matthias Skeb, Freiburg 1998.

Simmel, Georg, *Philosophische Kultur. Gesammelte Essais*, Leipzig 1919.

Sollberger, Edmond, Lost inscriptions from Mari, in: Jean-Robert Kupper (Hg.), *La civilisation de Mari*, XVe rencontre assyriologique internationale, Lüttich 1987, S. 103–108.

The Sun God Tablet, Transkription und engl. Übersetzung: http://www.britishmuseum.org/research/collection_online/collection_object_details.aspx?objectId=282224&partId=1 vom 09.03.2016.

Woods, Christopher E., The Sun-God Tablet of Nabû-apla-iddina Revisited, in: *Journal of Cuneiform Studies*, 56 (2004), S. 23–103.

Medialität als bildliche Materialität.
Medium und sinnliche Materie in der aristotelischen Tradition

Emanuele Coccia

1. Medium als Variation des Materiebegriffs.

Der Begriff des ‚Mediums', mit dem man heutzutage die neusten und aktuellsten technologischen Vorrichtungen bezeichnet, hat eine lange und oft schlecht bekannte Geschichte.[1] Diese Geschichte zeigt, dass der Begriff der Medialität von Anfang an eine enge Beziehung mit dem Begriff der Materialität aufweist. Um genauer zu sein: Das Wort ‚Medium' war seit seiner Schöpfung innerhalb der aristotelischen Tradition der Name für einen besonderen Typus von Materialität, nämlich für den der Materie der sinnlichen Bilder: Medium ist die Materie, die die Entstehung von sinnlichen Bildern (*phantasmata*, d. h. Bilder aller körperlichen Sinne) ermöglicht.

Mehrere Jahrhunderte später nahm Marshall McLuhan diesen Begriff wieder auf, um alle Objekte so zu benennen, die die Erweiterung der menschlichen Wahrnehmung darstellen: Medien sind also körperliche, materielle Elemente, Instrumente, die dem Menschen erlauben, außerhalb des anatomischen Körpers die Welt wahrzunehmen.[2] Ein Medium kann dabei ein Telefon oder eine Zeitung sein, das Fernsehen oder eine Waffe, aber auch das Alphabet, das Geld oder das Rad.

Alle Objekte sind Medien und durch jedes Objekt wird die Wahrnehmungsfähigkeit des Menschen verändert und erweitert.[3] Medien drücken also auch bei McLuhan die

---

[1] Über den historischen Ursprung dieses Begriffs und seine ursprüngliche Bedeutung siehe Emanuele Coccia, *La trasparenza delle immagini. Averroè e l'averroismo*, Milano 2005. Die Zahl der Forschungsbeiträge zu dieser Frage ist inzwischen stark angestiegen. Was den Ursprung des Begriffs betrifft, enthält der viel zitierte Text von Wolfgang Hagen, *Metaxy – Eine historiosemantische Fußnote zum Medienbegriff*, in: Stefan Münker / Alexander Roesler (Hg.), *Was ist ein Medium?*, Frankfurt a. M. 2008, S. 13–29, mehrere grobe Fehler hinsichtlich der Begriffshistorie. Für eine umfassendere Geschichte des Begriffs siehe Stefan Hoffmann, *Geschichte des Medienbegriffs*, Hamburg 2002 und Emmanuel Alloa, *Das durchscheinende Bild. Konturen einer medialen Phänomenologie*, Zürich 2011. Über die jüngste Geschichte des Begriffs siehe auch Antonio Somaini, „*L'oggetto attualmente più importante dell'estetica.* Benjamin, il cinema e il „*Medium della percezione*", in: *Fata Morgana*, 7 (2013), S. 117–146.

[2] „Any invention or technology is an extension or self-amputation of our physical bodies, and such extension also demands new ratios or new equilibriums among the other organs and extensions of the body.[…] As an extension and expediter of the sense life, any medium at once affects the entire field of the senses. […]", Marshall McLuhan, *Understanding Media. The Extensions of Man,* London 1994, S. 45.

[3] „The new media and technologies by which we amplify and extend ourselves constitute huge collective surgery carried out on the social body with complete disregard for antiseptics. If the operations are needed, the inevitability of infecting

Materialität der Sinnlichkeit aus. Dennoch ist Materie in diesem Fall kein Synonym für Beschränkung, sondern bezeichnet das Instrument der Überwindung der Grenzen menschlicher Körperlichkeit: Medien sind technische Organe einer außerkörperlichen menschlichen Wahrnehmung.[4]

Es gibt also eine überraschende Kontinuität in der Geschichte des Begriffs:[5] Medialität war immer der Ort, an dem Materialität und Sinnlichkeit versucht haben, Synonyme zu werden. In der folgenden Studie soll die Geschichte dieser jahrhundertlangen

---

the whole system during the operation has to be considered. For in operating on society with a new technology, it is not the incised area that is most affected. The area of impact and incision is numb. It is the entire system that is changed. The effect of radio is visual, the effect of the photo is auditory. Each new impact shifts the ratios among all the senses. What we seek today is either a means of controlling these shifts in the sense-ratios of the psychic and social outlook, or a means of avoiding them altogether. To have a disease without its symptoms is to be immune. No society has ever known enough about its actions to have developed immunity to its new extensions or technologies. Today we have begun to sense that art may be able to provide such immunity. In the history of human culture there is no example of a conscious adjustment of the various factors of personal and social life to new extensions except in the puny and peripheral efforts of artists. The artist picks up the message of cultural and technological challenge decades before its transforming impact occurs." McLuhan, Understanding Media (wie Anm. 2), S. 64.

[4] „Jede Kultur, die es gibt oder jemals in der Welt gegeben hat, besitzt ein einzigartiges Wesen der Sinneserfahrung, das man sogleich in ihrer Sprache, ihren Tänzen oder ihren Liedern entdecken kann. Jede technologische Neuerung in jeder Kultur verändert all diese Gestalten der Sinneswahrnehmung sofort, wodurch der Jugend all die älteren Lieder und Tänze komisch und veraltet erscheinen. In allen Fällen wird Veränderung der sinnlichen Wahrnehmung durch technologische Neuerung in Gang gesetzt, denn neue Technologie schafft unausweichlich neue Umgebungen, die ständig auf das Sensorium einwirken", McLuhan, (mit Quentin Fiore und Jerome Agel), *Krieg und Frieden im Globalen Dorf*, Berlin 2011, S. 136.

[5] Ein außerordentlicher Beweis dieser Kontinuität ist die folgende Passage aus John Dewey, *Art as Experience*, New York 1980 [1934], S. 195–97: „Every work of art has a particular medium by which, among other things, the qualitative pervasive whole is carried. In every experience we touch the world through some particular tentacle; we carry on our intercourse with it, it comes home to us, through a specialized organ. The entire organism with all its charge of the past and varied resources operates, but it operates *through a particular medium, that of eye, as it interacts with eye, ear, and touch*. The fine arts lay hold of this fact and push it to its maximum of significance. In any ordinary visual perception, we see by means of light; we distinguish by means of reflected and refracted colors: that is a truism. But *in ordinary perceptions, this medium of color is mixed, adulterated*. While we see, we also hear; we feel pressures, and heat or cold. In a painting, color renders the scene without these alloys and impurities. They are part of the dross that is squeezed out and left behind in an act of intensified expression. *The medium becomes color alone*, and since color alone must now carry the qualities of movement, touch, sound, etc., that are present physically on their own account in ordinary vision, the expressiveness and energy of color are enhanced […] *'Medium' in fine art denotes the fact that this specialization and individualization of a particular organ of experience is carried to the point wherein all its possibilities are exploited*. […] In art, the seeing or hearing that is dispersed and mixed in ordinary perceptions is concentrated until the peculiar office of the special medium operates with full energy, free from distraction." Wortschatz und Begrifflichkeit sind hier aristotelisch.

Synonymie gezeigt werden, denn sowohl der Begriff von Materialität als auch die Idee von Bildlichkeit haben durch diese Synonymie ihren Sinn grundlegend verändert. Als Synonym von Medialität ist Materie weder Bezeichnung für den ausgedehnten Raum noch der technische Terminus für die Kontingenz und die Veränderlichkeit der weltlichen Dinge: sie ist die Bedingung der Möglichkeit der Entstehung aller Bilder.

2. Metaxy

Das Wort ‚medium' ist die lateinische Übersetzung des griechischen Wortes *metaxu*, ein Adverb, das ursprünglich ‚dazwischen' oder ‚mitten in' bedeutet. Aristoteles benutzt die Substantivierung des Wortes (*to metaxy*), um die Notwendigkeit eines dazwischenliegenden Körpers zwischen Subjekt und materiellem Objekt in jedem Akt der Wahrnehmung zu behaupten.[6] Erst dieses Dazwischenliegende ermöglicht nach Aristoteles die Entstehung der Wahrnehmung. Es ist aber erst im großen Kommentar des arabischen Philosophen Ibn Rushd (lat.: Averroes) zu Aristoteles' *De anima*, dass der Begriff des Mediums zu seiner systematischen Fülle kommt.[7] In diesem Werk wird die Medialität (und die notwendige Medialität der Wahrnehmung) zum Schlüsselbegriff der gesamten aristotelischen Erkenntnistheorie: Selbst das Denken ist nach Averroes durch Medien möglich, denn der Intellekt ist das absolute Medium, die reinste Form von Medialität.[8] Übersetzt vor 1225 vom Mediziner, Alchemisten und Philosophen Michale Scotus stellte das *Commentarium Magnum in Aristotelis de Anima* die Basis der mittelalterlichen Deutung der aristotelischen Psychologie dar, und spielte also eine historisch kaum zu überschätzende Rolle in der Konstitution der abendländischen Anthropologie. Erst durch Averroes ist das Medium zum Begriff der außerpsychischen und außerobjektiven Materialität der Bilder geworden. Aus der Sicht der Philosophiegeschichte ist folglich jeder Diskurs über Medien eine Art Variation der averroeistischen Deutung der aristotelischen Psychologie. Und erst durch die averroeistische Verallgemeinerung der medialen Logik, die Aristoteles auf

---

[6] Aristoteles, *De anima* 419a 20: *hôst'anagkaion ti einai metaxu*.

[7] Zu Averroes siehe Herbert Davidson, *Alfarabi, Avicenna, and Averroes on Intellect. Their Cosmologies, Theories of the Active Intellect, and Theories of Human Intellect*, New York 1992. Zu dem lateinischen Averroismus siehe Dragos Calma, *Études sur le premier siècle de l'averroïsme latin. Approches et textes inédits*, Turnhout 2011 und Jean-Baptiste Brenet, *Les possibilités de jonction. Averroès – Thomas Wylton*, Berlin/Boston 2013.

[8] Coccia, La trasparenza (wie Anm. 1).

die Sinnesphysiologie beschränkt hatte, werden die schwierigen Passagen des aristotelischen Textes verständlich.

Um zu beweisen, warum Wahrnehmung durch die einfache und spontane Verbindung des wahrnehmenden Subjekts und des wahrgenommenen Objekts nicht erklärt werden kann, lädt Aristoteles den Leser zu einem Gedankenexperiment ein. Wenn der Wahrnehmungsakt eine reine Kombination von Objekt und Sinnesorgan wäre, würde der Kontakt zwischen Auge und farbigem Objekt genügen. Aber „wenn man ein farbiges Objekt direkt auf das Auge legt, so sieht man gar nichts".[9] Was auf dem Spiel steht, ist klar: Die reine Wechselwirkung von Objekt und Subjekt in ihrer reinsten Form (also ein Objekt direkt auf dem erfahrenden Subjekt) bringt keine Erfahrung hervor. Die sinnliche Erfahrung lässt sich also durch die einfache (physische und begriffliche) Zusammensetzung von Objekt und Subjekt nicht erklären. Um das Sehen auszulösen, ist nicht nur ein gewisser physischer Abstand zwischen Objekt und Subjekt notwendig, sondern auch ein zusätzliches materielles Element, etwas Mittleres, das zwischen den beiden liegt.[10] Dieser mediale Körper ist vor allem ein topologisches Element. Denn das Experiment sollte zeigen, dass die Schau keine magische Verwandlung des zu erkennenden äußeren Objekts ins erkannte innere Objekt ist. Nach den

---

[9] Aristoteles, De anima 419a 12–3.

[10] Vgl. der Kommentar Averroes': „Cum declaravit quod actio visus non perficitur nisi per diaffonum medians per signum quod cum color fuerit positus super visum, non videtur, et etiam quia visus non perficitur nisi per lucem, et lux non invenitur nisi in diaffono medio, incepit reprehendere Democritum dicentem quod si visio esset in vacuo tunc esset magis vera. [...] Idest, et cum declaratum est quod visio non fit nisi per medium non recte opinabatur Democritus quod si visio esset mediante vacuo, tunc esset magis vera [...] Hoc enim quod dixit, quod visio magis perfecta erit in vacuo, impossibile est. Et signum eius est quod iam declaratum est quod visus, secundum quod est virtus sensibilis, movetur et patitur a colore, et color movet ipsum. Et impossibile est ut visus patiatur et moveatur a colore, si corpus coloratum fuerit extra visum, nisi ita quod illud coloratum prius moveat medium secundum tactum, et medium moveat visum. Et si vacuum esset inter visum et visibile, tunc non posset movere visum. [...] Unde necesse est ut visus patiatur a medio, non a vacuo sicut existimavit Democritus. Et haec demonstratio quod visio impossibile est ut fiat per vacuum, non quod visus impossibile est ut fiat nisi per medium. [...] Visus indiget medio necessario. [...] Et est sustentatus super hoc, quod sensus indigent medio necessario scilicet quia sensibilia, cum fuerint posita super eos, non sentient, et quod visus etiam non erit nisi per lucem et lux non invenitur nisi per medium. Idest et cum declaratum est quod visus necessario indiget medio declarata est per hoc causa propter quam color non videtur nisi in luce et est quia non videtur nisi per medium." *Cordubensis Commentarium Magnum in Aristotelis 'De Anima' libros.* (Averroes' Aristotle, Corpus Philosophorum Medii Aevi, Corpus Commentariorum Averrois in Aristotelem series - versio Latina vol. VI, 1 (= Medieval Academy Books, No. 59), hg. v.f. Stuart Crawford, Cambridge (Mass.) 1953, S. 242–244.

herkömmlichen Erklärungsversuchen findet der Wahrnehmungsakt ausschließlich in unserer Subjektivität und nicht in der äußeren Welt statt: Der Erkenntnisprozess ist ausschließlich ein Verwandlungsprozess des Subjekts. Wenn es in diesem Prozess etwas Materielles gibt, dann ist es die Materialität des Psychischen. Nach Aristoteles hingegen setzt diese innere, psychische Materialität auch eine äußere nicht-gegenständliche Materialität voraus; und der innere, psychische Prozess ist eine Fortsetzung eines äußeren Prozesses, wodurch das Objekt sinnlich wird. Dieses Experiment zeigt nicht nur die Unmöglichkeit oder die Unfähigkeit des Subjekts, das Gegenständliche ins Subjektive d. h. ins Erkannte zu verwandeln. Es zeigt ferner, dass der Gegenstand nicht von Anfang an erkennbar ist, dass es außerhalb von sich selbst und vom Subjekt erkennbar wird, in einem Zwischenraum. Dieser Zwischenraum ist zugleich der Ort, an dem dieser Prozess stattfindet und der Auslöser jedes Erkenntnisprozesses. Ein Medium ist also der materielle Ort der Entstehung der Bilder.

3. Spiegel

Selbstwahrnehmung ist der beste Beweis der Notwendigkeit des medialen Raumes. Um sich selbst zu beobachten, muss jeder Mensch, aber auch jedes Tier, ein Bild von sich außerhalb seines eigenen Körpers (der zugleich erkennendes Subjekt und Objekt dieses Bildes ist) in einem äußeren Raum hervorbringen.[11] Diese triviale Bemerkung ist von nicht zu unterschätzender Bedeutung: Sie zeigt, dass das Bild nicht etwas ganz Subjektives ist, weil es nicht im Subjekt entsteht.

Man denke an eine gemeine Erfahrung, die wir jeden Tag machen, wenn wir uns vor den Spiegel stellen. Auf der Oberfläche des Spiegels verwandeln wir uns in ein körperloses und unbewusstes Bild. Wir verwandeln uns zu etwas, das nicht mehr erkennen kann und nicht mehr leben kann, das aber erkannt und wahrgenommen werden kann. Unsere Form – wir selbst – existieren auf dem Spiegel ohne Organe, bewusstlos: Wir sind sinnlich, aber wir haben kein Stück Fleisch. Unsere Form existiert, aber nicht in der Weise eines Subjekts und auch nicht in der Weise eines Objekts, das Raum besetzt. Unsere Form, die gleiche Form, die in uns ist, verliert im Spiegel unseren Körper, der diesseits des Spiegels bleibt, aber sie verliert auch die Seele und das Bewusstsein, die unfähig sind, im Spiegel selbst weiterzuleben. Die Erfahrung des

---

[11] Coccia, *Sensible Life. A Micro-Ontology of Images*, übers. v. Scott Stuart, New York 2015.

Spiegels ist also die Erfahrung der Teilung zweier Seinssphären: auf der einen Seite (diesseits des Spiegels) gibt es die anatomischen Körper und die Seelen (die eigentlich auf derselben Seite sind und nicht, wie man zu denken versucht ist, auf entgegengesetzten Seiten), auf der anderen Seite gibt es die Bilder. Ein Bild existiert also außerhalb des Subjekts und des Objekts, und jeder Spiegel beweist, dass um ein Bild hervorzubringen, ein Ort notwendig ist, der sich gleichzeitig und mit derselben Intensität von den Subjekten und von den Objekten unterscheidet. Ein Medium ist ein ‚materieller Ort', der weder subjektiv noch objektiv zu fassen ist und ontologisch getrennt von den Dingen und von den Seelen (den erkennenden Subjekten) bleibt. Nicht die unmittelbare Beziehung zwischen Objekt und Subjekt ermöglicht die Wahrnehmung, sondern die Kontiguität, die Nähe, die Nachbarschaft, das Angrenzen (*sunechous ontos*) zwischen Subjekt und Objekt auf der einen Seite und diesem dazwischenliegenden Raum, an dem die Realität wirklich wahrnehmbar wird, sensibel, sichtbar, hörbar etc.[12] Für jede Art der Wahrnehmung brauchen wir spiegelförmige Orte, die Medien zu nennen sind. Medium ist also ein dazwischenliegender Raum, der weder mit den Augen noch mit dem Objekt zusammenfällt. Das Objekt affiziert das Medium und das Medium affiziert das Auge.

Wie der Fall des Spiegels zeigt, sind diese Räume keinesfalls leer. Ein Spiegel ist kein leerer Raum, er ist Materie. Medialität ist also eine bestimmte Form von Materialität, die allen Medien gemeinsam ist, die aber keinen spezifischen Namen besitzt.[13] Wenn der Spiegel das Vorbild, das Paradigma jedes medialen Raums darstellt, dann besteht diese Materialität in der Fähigkeit, Formen fremder Körper zu beherbergen. Ein Me-

---

[12] „Idest, sed propter hoc quod diximus, quod, cum color fuerit positus super visum, non videtur, fuit necesse ut visio coloris non compleatur nisi color moveat diaffonum quod est medium inter ipsum et videns, et medium moveat per suam continuationem cum vidente videntem; ut aer, quoniam, cum copulatur cum vidente, movetur a colore quando illuminatur, deinde ipse movet visum", Averroes, *Commentarium* (wie Anm. 10), S. 241.

[13] „Cum narravit quod oportet prius considerare de natura diaffoni, incepit describere ipsam. Et dixit: <Et diaffonum est illud quod est visibile> etc. Idest, et diaffonum est illud quod non est visibile per se, scilicet per colorem naturalem existentem in eo, sed illud quod est visibile per accidens, idest per colorem extraneum. Et hoc quod dixit manifestum est. Et ideo innatum est recipere colores, is cum nullum proprium habeat in se. Deinde dixit: <Non enim secundum quod aer est aer> etc. Idest, et quia diaffonitas non est in sola aqua neque in solo aere, sed etiam in corpore celesti, fuit is necesse ut diaffonitas non sit in aliquo eorum secundum quod illud est illud quod est, v. g. secundum quod aqua est aqua aut celum celum, sed secundum naturam communem existentem in omnibus, licet non habeat nomen. Et hoc quod dixit manifestum est." Averroes, *Commentarium* (wie Anm. 10), S. 235.

dium ist ein selbstständiger Körper, der aber über seine Form hinaus die Eigenschaft hat, die Form anderer Körper als Bilder zu empfangen. Medien sind Empfangsstrukturen von fremden Formen.[14] Nach der averroeistischen Deutung ist die Hauptidee Aristoteles', dass solche ‚Strukturen' notwendig sind, um Bilder entstehen zu lassen: Nicht der Mensch oder das menschliche Bewusstsein bringen Bilder auf der Welt zustande, sondern eben die Medien. Dinge werden zu Bildern nur, weil es Medien gibt. Und umgekehrt ist ein Bild die Art und Weise, wie die Dinge innerhalb der Medien existieren: es ist die innerliche Existenz der Dinge in Medien.

4. Materia extranea

Man kann die Frage nach der Entstehung und der Genese der Bilder nur aufstellen, weil sie weder mit der Genese der Gegenstände zusammenfällt noch mit der Genese des Psychischen als solchem. Das Bildliche ist genetisch sowohl vom Gegenständlichen als auch vom Psychischen verschieden. Medien stellen also die materielle und genetische Selbstständigkeit der Bilder gegenüber dem psychischen und dem objektiven Raum dar. Die Autonomie der Bilder ist aber vor allem eine topologische. Denn die Spiegelerfahrung zeigt, dass ein Bild nichts anderes als die Existenz von Etwas außerhalb seines eigenen Ortes ist, wie schon die mittelalterliche Definition des Bildes lautet. Wie Peckham in seinem Werk zur Perspektive sagt: „ein Bild ist die Erscheinung eines Gegenstandes ausserhalb seines Ortes (*extra locum suum*) denn jedes Ding existiert nicht nur an seinem Ort sondern auch ausserhalb seines Orts".[15]

Jede Form, die imstande ist, außerhalb ihres eigenen Ortes zu existieren, wird zum Bild. Unsere Form kann zum Bild werden, erst wenn sie in den Stand versetzt wird, außerhalb unserer selbst zu leben, jenseits unserer Seele und unseres Körpers zu erscheinen, ohne sich dabei in einen anderen Körper zu verwandeln. Das Bild stellt für jede Form eine besondere Art von Leben dar, welches anfängt, nachdem es aus

---

[14] „Recipere formas contrarias simul non tantum invenitur in anima sed in mediis. Apparet enim quod per eandem partem aeris recipit videns contraria, scilicet album et nigrum." Averroes, De sensu et sensato, in: *Averrois Cordubensis Compendia librorum Aristotelis qui Parva naturalia vocantur*, rec. Aemilia Ledyard Shields, Henrico Blumberg, Cambridge Mass., The Mediaeval Academy of America, 1949, S. 29.

[15] „Quid est ydolum? Dico sola apparentia rei extra locum suum [...] quia res apparet non solum in loco suo sed extra locum suum." John Peckham, *Perspectiva communis*, in: D. C. Lindberg (Hg.), *John Pecham and the Science of Optics. Perspectiva communis*, Milwaukee-London 1970, S. 170.

seinem eigenen Körper herausgetreten ist, ohne aber dabei ins Reich der Seele eingetreten zu sein. Medien sind in dieser Hinsicht Orte eines doppelten ontologischen Exils der Formen: In der medialen Existenz sind Formen im Exil gegenüber den Objekten, welchen sie eine Identität geben, aber auch gegenüber den Subjekten, welchen sie Erkenntnis verleihen.

Der mittelalterliche Aristotelismus beschreibt also die Bilder als das Bestehen der Formen auf fremder Materie oder auf einem fremden Substrat. Ein Bild ist die Existenz von unserer Form außerhalb der Materie, die dieser Form selbst erlaubt, zu leben. Der Ort der Bilder ist, wie ihn Aegidius Romanus beschreibt, „eine völlig fremde Materie (*extranea materia*) gegenüber der Materie wo die Form normalerweise existiert und lebt".[16] Man könnte also sagen, dass jedes Bild aus der Trennung von der Form des Gegenstandes vom Existenzort desselben Gegenstandes entsteht: Da, wo die Form nicht mehr statthat, findet ein Bild statt. Die Bilder haben also ein fremdes Sein, fremd gegenüber dem natürlichen Sein der Gegenstände (*esse extraneum*). Bilder haben kein natürliches Sein, sondern ein *esse extraneum*. Jede Erkenntnis benötigt dieses fremde Sein. Es gibt Bilder auf der Welt, nur weil die Formen imstande sind, in diesen Orten zu verbleiben, die wir Medien nennen.

Umgekehrt ist Medialität reine Äußerlichkeit. Eine lange Tradition hatte das Gebiet des Körperlichen als Gebiet der Äußerlichkeit gedacht, und das Gebiet der Seele als ein Gebiet der Innerlichkeit. Der Raum von Augustinus bis Kant wurde immer als die Form der Äußerlichkeit gedacht (*forma exterioritatis*), die Form nach der alles was außerhalb uns liegt uns affizieren kann, und die Form nach der alles, was außerhalb uns liegt, existiert. Der Raum ist das Reich der *partes extra partes*, das Reich, in dem alles außerhalb jedes anderen Gegenstandes liegt und auch außerhalb seiner selbst.

---

[16] „Non enim fit huiusmodi generatio sine omni materia, nam licet non fiat in materia propria, fit autem in materia extranea. Unde intentiones colorum ut vult Commentator in libro De anima non habent esse naturale sed extraneum quod sic intelligendum est: quia non sunt tales intentiones in materia propria et naturali ipsi colori cuiusmodi est corpus terminatum idest corpus quod est terminatum visus; sed fiunt in materia que est extranea ipsi forme coloris cuiusmodi est materia pura et dyaphana. Rursus generationes talium formarum non sunt sine materia, quia cum conditionibus materie; recipit enim talis forma hic nunc. Est etiam et tertio generatio talium formarum cum materia, quia est secundum situationes partium materiae, ut si coloratum aliquid imprimat suam intentionem in medio pars dextra illius colorati impressionem dyametralem et fortem facies in dextra parte medii et pars sinistra in sinistra que omnia arguunt generationem talium formarum esse generationem cum materia." Aegidius Romanus, *Quodlibet, Lovanii t. Hieronymi Nempaei*, MDCXLVI, q. V, m. III, d. I, q. 2 (XI) S. 299–300.

Man kann vielleicht sagen, dass Medialität eine Art absoluten Draußens, als eine absolute Äußerlichkeit betrachtet werden kann.

Literaturverzeichnis

Aegidius Romanus, *Quodlibet, Lovanii t. Hieronymi Nempaei*, MDCXLVI, q. V, m. III, d. I, q. 2 (XI).

Alloa, Emmanuel, *Das durchscheinende Bild. Konturen einer medialen Phänomenologie*, Zürich 2011.

Coccia, Emanuele, *La trasparenza delle immagini. Averroè e l'averroismo*, Milano 2005.

Coccia, Emanuele, *Sensible Life. A Micro-Ontology of Images*, übers. v. Scott Stuart, New York 2015.

Cordubensis Commentarium Magnum in Aristotelis 'De Anima' libros. (Averroes' Aristotle, Corpus Philosophorum Medii Aevi, Corpus Commentariorum Averrois in Aristotelem series – versio Latina vol. VI, 1 (= Medieval Academy Books, No. 59), hg. v.f. Stuart Crawford, Cambridge (Mass.) 1953.

Davidson, Herbert, Alfarabi, *Avicenna, and Averroes on Intellect. Their Cosmologies, Theories of the Active Intellect,* and Theories of Human Intellect, New York 1992.

Dewey, John, *Art as Experience,* New York 1980 [1934], S. 195–97.

Hagen, Wolfgang, Metaxy – Eine historiosemantische Fußnote zum Medienbegriff, in: *Was ist ein Medium?*, hg. v. Stefan Münker und Alexander Roesler, Frankfurt a. M. 2008, S. 13–29.

Hoffmann, Stefan, *Geschichte des Medienbegriffs*, Hamburg 2002.

McLuhan, Marshall (mit Quentin Fiore und Jerome Agel), *Krieg und Frieden im Globalen Dorf,* Berlin 2011.

McLuhan, Marshall, *Understanding Media. The Extensions of Man,* London 1994, S. 45.

Somaini, Antonio, L'oggetto attualmente più importante dell'estetica. Benjamin, il cinema e il „Medium della percezione", in: *Fata Morgana*, 7 (2013), S. 117–146.

Art as Process and Skill: On the Work of Literature in Wilkie Collins and Robert Browning

Philipp Erchinger

The English word 'art', like the German 'Kunst', can still be used in at least two senses, which are clearly distinguishable, even though each may be seen to include traces of the other.[1] Firstly, 'art' can refer to any exercise of skill or technique, from the art of cooking to the art of embroidery. Secondly, 'art' can be taken to mean various forms of creative play that, albeit notoriously free and open, are frequently shown in specifically designated areas, typically in museums and art galleries, or that are otherwise marked as distinct from ordinary experience and goal-directed work. In this second sense, art is usually equated with so-called 'fine art', a term which often refers primarily to the embodiment of an aesthetic idea, or to the accomplished art object, rather than to the productive process and the technical work through which this object is brought into being and put to meaningful use. By contrast, the first sense of 'art' emphasises precisely this craft or skill of making: the temporally extended activity by which some kind of physical material is shaped.[2]

These two senses of 'art' – art as a dextrous practice and art as the manifestation of an aesthetic idea or an idea of the aesthetic – are by no means mutually exclusive. On the contrary, the fact that the term 'work of art' or artful "work", similar to "building, construction" or composition, can "designate both a process and its finished product" indicates that the activity of making and the made object, have always been intimately entwined.[3] Yet, one may safely say that, since the eighteenth century, the idea of art as 'fine art' has increasingly become abstracted from the material practice of the craftsman. As Raymond Williams has explained, one reason for this separation of '(fine) art' from '(technical) work' may be found in an increasing industrialisation and economisation of traditional arts and crafts like weaving or engraving.[4] On Williams's

---

[1]   This essay draws on the research for, and writing of, a monograph on ways of knowing in Victorian writing that has been funded by the DFG (ER 644/1–1).

[2]   See the article "art, n.1", in: *OED Online*, Oxford University Press, Sept. 2014, Web, 6 December 2014.

[3]   John Dewey, *Art as Experience*, New York: Perigee, 2005, 53. See also Henry Staten, "The Origin of the Work of Art in Material Practice", in: *New Literary History* 43.1 (2012), 43–64.

[4]   Raymond Williams, *Keywords: A Vocabulary of Culture and Society*, London: Fontana Press, 1988, 42.

account, these changes in the work environment gave rise to the need to define and protect a social niche in which the creative propensities of human agency could still be exercised independently from and unalienated by the constraints of market value and machine power. 'The fine arts' thus came to epitomise, at least in theory, a kind of counter-productivity, an unbridled movement of the creative imagination in which the human capacities to make meaningful objects could be employed for their own sake, regardless of their economic purpose and practical use. The result, Williams argues, was a division between art and labour as well as between aesthetic and financial value, and between the mass-produced commodity and the singular work. "The artist is then distinct within this fundamental perspective not only from *scientist* and *technologist* – each of whom in earlier periods would have been called artist – but from *artisan* and *craftsman* and *skilled worker*, who are now operatives in terms of a specific definition and organization of work" as wage labour.[5]

What is more, this elevation of the artist to an emphatically fine artist – as well as the concomitant demotion of the artisan and craftsman to a mechanical operator – can be seen as "symptomatic of a general tendency to distinguish intellectual from manual labour, along the common axis of a more fundamental series of oppositions between mind and body, creativity and repetition, and freedom and determination."[6] In this view, the divorce of art from work is one element of what Bruno Latour has called "the modern constitution": a system of thinking that proceeds on the basis of presupposed distinctions, rather than through an assembly of relations and interactions.[7] In what follows I shall specifically focus on one of the most influential of these (modern) distinctions, namely that between empirical matter and ideal form. More precisely, I shall trace the relationship between these terms through three nineteenth century texts (by William Paley, Wilkie Collins and Robert Browning), examining ways in which it is modelled. The purpose of this endeavour is to propose a conception of the (art)work of literature as a creative process, made up of writing and reading, through which the material is translated into the meaningful or ideal.

---

[5] Ibid. For a critical modification of this account see James A. Schmiechen. "Reconsidering the Factory: Art-Labour, and the Schools of Design in Nineteenth-Century Britain", in: *Design Issues* 6.2 (Spring 1990), 58–69.

[6] Tim Ingold. "Beyond Art and Technology: The Anthropology of Skill", in: *Anthropological Perspectives on Technology*, ed. Michael Brian Schiffer, University of New Mexico Press, 2001, 17–32, at 18.

[7] Bruno Latour. *We Have Never Been Modern*, trans. Catherine Porter, Cambridge, Mass.: Harvard UP, 1993, 13.

According to Tim Ingold, it has long been established, at least since Aristotle propounded it, that the creation of an artefact presupposes the combination of matter (*hyle*) and form (*morphe*).[8] However, since the early modern period the relationship between these two components has frequently been conceived of in a hierarchical way that takes the ideal form to be impressed upon a material that remains essentially "passive and inert".[9] One of the most powerful versions of this idealist point of view, which privileges the form, or the abstract design, over the material stuff, is represented by William Paley's *Natural Theology*.[10] On Paley's account, the whole world of human and non-human nature is an artefact made by God. Paley does not, however, treat this artwork as a specifically fine or aesthetic one since he never distinguishes clearly between art, handicraft and work. He therefore variously addresses the creator of the natural world as either an "artist", an "artificer" or a "workman" (*NT* 8, 19, 45 *et passim*), apparently taking each of these terms to designate one and the same type of maker. In all cases, Paley means to refer to a creative producer who is capable of shaping a given material according to an ideal form. More precisely, Paley regards the finished artwork as a function of a predesigned purpose which it is supposed to fulfill. Well-made art, on this account, is the product of a work which is most conducive to the end it is intended (and has been designed) to attain. This implies that Paley's concept of nature as a result of divine art is premised on a notion of work as an essentially purposeful and use-related activity. Consequently, he does not view the material components of God's artwork, nature, as variable parts of an open-ended process of evolution, but as functional operators of a predesigned form.[11] The "feet, wings and fins" of birds and fish are supposed to be *"instruments of motion"*; the "eye

---

[8] Tim Ingold, "The Textility of Making", in: Tim Ingold, *Being Alive: Essays on Movement, Knowledge and Description*, London: Routledge, 210–219, at 210.

[9] Ibid.

[10] William Paley, *Natural Theology, or Evidence of the Existence and Attributes of the Deity, collected from the appearances of nature,* ed. Matthew D. Eddy and David Knight, Oxford: Oxford UP, 2006. All references to this edition (*NT*) will be given in the text.

[11] As this suggests, Paley's use of such terms as 'work', 'design' and 'mechanism' are all informed by the historical development generally referred to as the Industrial Revolution. See Neal C. Gillespie, "Divine Design and the Industrial Revolution: William Paley's Abortive Reform of Natural Theology", *Isis* 81.2 (1990), 214–229.

is an optical instrument", made "for vision" (*NT* 124, 137, 16), Paley says, and the animal organism as a whole is taken to function like "an automatic statue" assembled in a manner that enables it to live and move on its own (*NT* 17).

As is well known, the paradigmatic model for all of these examples is the mechanism of a watch, a close inspection of which, so Paley argues, will invariably lead to the conclusion that there must have been "an artificer or artificers who formed it for the purpose which we find it actually to answer; who comprehended its construction, and designed its use." (*NT* 8) The point Paley seeks to make, then, is that the appearances of nature, just as the mechanism of a watch, can only have been made by an intentional agency who knows, and lets others see, the plan and motivation behind its art. Paley concedes that human beings have not the slightest knowledge of how this artwork of nature has been made and would therefore never be able to build anything that is exactly like it. But he takes this to be of no detriment to his argument, it being (he holds) equally true both of a watch and, "to the generality of mankind, of the more curious productions of modern manufacture." (*NT* 8) In agreement with this view, Paley does not usually spend much time to investigate the generative processes through which the purposeful design is translated into the materials supposed to reveal it or, conversely, through which these materials are made into purposeful forms. Instead, his attention is focused on what the title of his book refers to as the "appearances" of the finished creations, the results of God's craftwork.

There are several instances in *Natural Theology*, however, in which this practice of making, which Paley typically excludes, re-enters his writing in a way that inadvertently nudges his argument towards a rather different notion of the work of art. Symptomatically, one of these instances follows upon Paley's extended description of the enormously complex architecture of the animal eye. This architecture strikes him as so extraordinary that it instigates him to reflect at length on the question – a legitimate one, as he admits – why God as a totally wise and powerful being actually had to build such a highly complicated apparatus only to endow his creatures with the benefit of eyesight. "Why should not the Deity have given to the animal the faculty of vision at once?", he asks (*NT* 26):

Why this circuitous perception, the ministry of so many means? an element provided for the purpose; reflected from opaque; substances, refracted through transparent ones; and both according to precise laws: then, a complex organ, an intricate and artificial apparatus, in order, by the operation of this element, and in conformity with the restrictions of these laws, to produce an image upon a membrane communicating with the brain? Wherefore all this? Why make the difficulty only to surmount it? If to perceive objects by some other mode than that of touch, or objects which lay out of the reach of the sense, were the thing purposed, could not a simple volition of the Creator have communicated the capacity? Why resort to contrivance where power is omnipotent? (*NT* 26)

What Paley's question exposes here is the extravagant, almost lavish use of "substances" and materials in the making of the eye – materials which appear to be luxurious and superfluous, in excess of, and therefore contingent upon, the purpose they are supposed to fulfil. More precisely, Paley foregrounds that the very deployment of material instruments or media constitutes a difference between the composing activity and the composed product, a field of practical work, through which one would not have to pass if creation were an instantaneous event, a single stroke of genius, not dependent on "so many means".

As Paley suggests, the fact that it is God, said to be the most accomplished being, who had to proceed by such "circuitous" ways of production is apt to make the eye look even stranger. After all: "Contrivance, by its very definition and nature, is the refuge of imperfection", as he puts it. "To have recourse to expedients, implies difficulty, impediment, restraint, defect of power." (*NT* 26) In short, to regard the eye as a work of art can make the great artist appear as someone who met with difficulties and obstructions in the course of his work, impelling him to correct and adapt his original design as he went along. In fact, the multi-layered composition of the eye could even be taken to expose God's procedure as that of an experimentalist who assembled his work in an incremental or piecemeal fashion, not knowing what it would look like until it was finished. In this view, the outcomes of God's artful work might even have failed to correspond to the design that had motivated it in the first place. Its results might have come, at least partly, as a surprise to their creator.[12]

As Paley knew quite well, to allow such considerations to flourish is likely to do serious damage to his argument that the work of nature presupposes an intelligent maker in full control of his acts. He therefore duly goes on to provide an answer to

---

[12] "Who has ever mastered an action? Show me a novelist, a painter, an architect, a cook, who has not, like God, been surprised, overcome, ravished by what she was – what *they* were – no longer doing?" (Bruno Latour, *Pandora's Hope: Essays on the Reality of Science Studies*, Cambridge, Mass.: Harvard UP, 1999, 283).

his sceptical question by which he hopes to put the whole issue to rest. "It is only by the display of contrivance, that the existence, the agency, the wisdom of the Deity, *could* be testified to his rational creatures", he argues. (*NT* 27) "Whatever is done, God could have done, without the intervention of instruments or means: but it is in the construction of instruments, in the choice and adaptation of means, that a creative intelligence is seen." (*NT* 27) This is a cunning move which seeks to justify God's intricate and indirect ways by describing them as manifestations of his well-honed expertise and skill. But at the same time it seems to prompt Paley to substantiate his proposition by inspecting more closely the manner of construction through which he takes God's intelligence to have been acted out. More specifically, Paley argues that God had deliberately chosen to restrict his power by self-imposed obstacles so as to provide himself with an opportunity to show how well he is able to surmount them. As Paley explains, "God prescribes limits to his power, that he may let in the exercise, and thereby exhibit demonstrations, of his wisdom." (*NT* 27)

> For then, i.e. such laws and limitations being laid down, it is as though one Being should have fixed certain rules; and if we may so speak, provided certain materials; and afterwards have committed to another Being, out of these materials and in subordination to these rules, the task of drawing forth a creation: a supposition which evidently leaves room, and induces indeed a necessity, for contrivance. Nay, there may be many such agents, and many ranks of these. (*NT* 27)

What Paley has in mind, then, is the idea of deliberate self-limitation: God, he suggests, established certain natural laws and constraints in the materials he used, before he set out to bring the ideal form of his work in tune with these constraints. In this way, however, Paley not only divides the activity of creation into a theoretical (or conceptual) and a practical (or executive) phase, into "one Being" and "another Being". More importantly, he draws attention to the "room" of "contrivance", the space of practical work in which the ideal or formal mode of "Being" is translated into the material one. This means that he foregrounds the process of working out or "drawing forth a creation", in the course of which one and the same ideal form may become materialised in multiple ways. In fact, Paley even suggests that this "room" or passage between before and after is likely to be inhabited by "many" different "agents" which may contribute to the proliferation of the inventive process or even cause it to become emancipated from its ideal source and to develop a life of its own. Thus conceived, the source of a contrived product, the agency that brings it about, could no longer be located in a self-contained subject. Instead, it would have to be seen as distributed across a network of agents ("many [...] agents and many ranks of these"), all participating in the assemblage or "com-position", the bringing-together, that makes up the artwork.[13] In sum, what I hope to have shown is that Paley's "supposition" inadvertently makes "room" for an incalculable element of variability and mutability which cannot be fully contained in, or controlled by, preconceived patterns or plans. As a result, he unintentionally makes his idealist notion of design slant towards a process-based one according to which the idea of a form, or the form of an idea, follows the practice of working it out of (or into) some physical material, rather than the other way around.

As I wish to argue, this process-based model of creativity, as it was variously promulgated by evolutionists from Darwin and G. H. Lewes to Bergson, is well suited to the analysis of nineteenth century novels and long poems, not least because they were often published as series of instalments or chapters many of which already appeared while the whole work was still under construction. Thus, Wilkie Collins's novel *Armadale* not only exemplifies this serial mode of production through its compositional form; it also reflects it in several aspects of its content.[14] For instance, there is one scene in which some of the protagonists are assembled in the workshop of Major Milroy, an "extraordinary mechanical genius", who has been working on "a model of the famous clock at Strasbourg" for eight years (*A* 177), in order to be shown what the clock "can do on the stroke of noon" (*A* 222). The whole episode commences, since it "wanted then about three minutes to twelve", with the major "explaining what the exhibition was to be, before the exhibition began" (*A* 223). In what follows the reader can therefore not only read the incidents as they evolve; he or she can also read the difference between the actual process and the way it had been designed to

---

[13] Brian Massumi. "Prelude", in: Erin Manning, *Always More than One: Individuation's Dance*, Durham: Duke UP, 2013, IX–XXIII, at X. See also Bruno Latour, *Reassembling the Social: An Introduction to Actor-Network Theory*, Oxford: Oxford UP, 2005, 46. The methodical relevance of Latour's actor-network theory for literary criticism is now fairly well established. See Rita Felski, "Context Stinks", *New Literary History* 42.4 (2011), 573–591 and Roger Lüdeke, "Die Gesellschaft der Literatur: Ästhetische Interaktion und gesellschaftliche Praxis in Bram Stokers *Dracula*", *Jahrbuch der Heinrich-Heine Universität Düsseldorf 2008/2009* (2010), 361–382.

[14] Wilkie Collins. *Armadale*, ed. John Sutherland, London: Penguin, 2004. All quotations from this edition (*A*) will be given in the text.

unfold. In fact, in his explanation the major himself indicates that between the conception and the execution of the display a gap might occur, out of which incalculable incidents could arise, especially in the last part of the show. "I must ask your kind allowances for this last part of the performance", he tells his audience (including the reader). "The machinery is a little complicated, and there are defects in it which I am ashamed to say I have not succeeded in remedying as I should wish. Sometimes the figures go all wrong, and sometimes they go all right." (*A* 224). In brief, the major concedes that the non-human agencies, the figures involved in his experiment, might emancipate themselves from the protocol and start moving about in a way that he is unable to foresee or control.

To be sure, in the first part of the show everything still works as the major had described it, but then the "crowning exhibition" announces "itself in a preliminary trembling of the sentry-boxes, and a sudden disappearance of the major at the back of the clock" (*A* 224) – a disappearance which indicates that the experimenter is both present and absent during the crucial part:

> The performance began with the opening of the sentry-box on the right-hand side of the platform, as punctually as could be desired; the door on the other side, however, was less tractable – it remained obstinately closed. Unaware of this hitch in the proceedings, the corporal and his two privates appeared in their places in a state of perfect discipline, tottered out across the platform, all three trembling in every limb, dashed themselves headlong against the closed door on the other side, and failed in producing the smallest impression on the immovable sentry presumed to be within. An intermittent clicking, as of the major's keys and tools at work, was heard in the machinery. The corporal and his two privates suddenly returned, backwards, across the platform, and shut themselves up with a bang inside their own door. Exactly at the same moment, the other door opened for the first time, and the provoking sentry appeared with the utmost deliberation at his post, waiting to be relieved. He was allowed to wait. Nothing happened in the other box but an occasional knocking inside the door, as if the corporal and his privates were impatient to be let out. The clicking of the major's tools was heard again among the machinery; the corporal and his party, suddenly restored to liberty, appeared in a violent hurry, and spun furiously across the platform. Quick as they were, however, the hitherto deliberate sentry on the other side, now perversely showed himself to be quicker still. He disappeared like lightning into his own premises, the door closed smartly after him, the corporal and his privates dashed themselves headlong against it for the second time, and the major appearing again round the corner of the clock, asked his audience innocently, 'if they would be good enough to tell him whether anything had gone wrong?' (*A* 224–225)

As in Paley, the artwork is here exemplified by means of a clockwork mechanism. But whereas Paley's watch serves as an epitome of a preordained design, the major's clockwork turns into the site of a spectacle that emancipates itself from the very order it is supposed to enact. In this way, the clock-motif is transformed "from an expression of order to an expression of the desire for order."[15] For the major's artwork does not represent a finished and well-made object, but an incomplete process of fabrication that is always subject to faults, unexpected incidents as well as interventions and corrections on the part of the artist and producer.

As a result, the major himself does not appear in the position of a sovereign master or privileged creator who occupies a vantage point above or outside of his creation. Rather, he is presented as one actor among others, participating in the making of the work by means of his "keys and tools" just as the figures participate in it by means of their movements and actions. Both the major's "tools" and the figures they are supposed to set in motion can therefore be described as "mediators" in Latour's sense: as actors that "transform, translate, distort, and modify the meaning or the elements they are supposed to carry."[16] The major, then, is entangled with, rather than detached from, his composition, for his work interferes with an ongoing process whose components act just as much on him as he acts on them. Thus enmeshed with his creation, it is no surprise that he does not see the outcome of his interventions "among the machinery", but has to ask the audience "whether anything had gone wrong". What this goes to show is that he can influence the mechanical causes of the proceedings on the platform, but he has no full control over, and insight into, the effects induced by his acts. Therefore, the transition from the mechanical causes (the machinery and the "tools and keys") to the experienced consequences (the movements of the puppets) seems to develop a life of its own, over the course of which neither the creator nor the audience of the spectacle has full command. Indeed, it is symptomatic that not only the movements of the figures on the platform spin strangely out of control, but also the reactions of the spectators who, as we are told, "shouted with laughter" at the "fantastic absurdity of the exhibition" (*A* 225).

As indicated, this scene lends itself to be read as an ironic reflection of Collins's own activity of composing, or of his art at work, as it is exemplified by the writing of *Armadale*. In fact, the major's "little experiment" (*A* 222) can even be seen as a miniature model of the whole novel. For, similar to the major's figures, the protagonists

---

[15] Lisa M. Zeitz and Peter Thoms. "Collins's Use of the Strasbourg Clock in *Armadale*", in: *Nineteenth Century Literature* 45.4 (1991), 495–503, at 501.

[16] Latour, *Reassembling* (see fn 13), 39.

of this novel never just act as mere puppets executing a preconceived design. Instead, they actively participate in the construction of a work in progress, continuously writing and reading documents, interpreting signs, plotting strategies, making up invented stories or trying to figure out their role in a larger compositional whole. By paying close attention to these activities one can therefore not only read *what* happens in the novel, but also *how* the novel's characters contribute to the process of composing and arranging the meaning of the very text in which they are themselves involved. One way of illustrating this is to follow the movements of the charismatic villainess Lydia Gwilt, who is introduced as a minor figure, only slowly gaining prominence. As the narrative proceeds, however, she gradually seizes control over the action by inventing and executing a plot, which is designed to compel the other characters to move according to her interests. In the final third of the novel she is even made to become the author of the actual text we read since the whole story is told through the writing of her diary. Thus, by using the fiction of Gwilt's diary to mediate the content of his novel, Collins not only made his own process of writing readable as part of this content, whether unintentionally or not. The same technique also enabled him to turn the phases of exhaustion, flagging motivation and lack of imagination into a means to create suspense.[17] In this way, as in the following example, even the inability to be creative could be built into the story without interrupting its progress:

> I won't write any more. I hate writing! It doesn't relieve me – it makes me worse. I'm farther from being able to think of all that I *must* think of, than I was when I sat down. It is past midnight. Tomorrow has come already – and here I am as helpless as the stupidest woman living! Bed is the only fit place for me. (*A* 426)

The point to note is that the art of inventing and composing a text is here drawn into the very story conveyed through this text. In this way, the design of the novel is exposed as the emergent product of a complicated and long-winded process, a process of which even the mode of waiting for inspiration and new ideas is an integral part. "And here I am back at my Diary, with nothing, absolutely nothing to write about. Oh, the weary day! the weary day! Will nothing happen to excite me a little in this horrible place?" (*A* 550) Such utterances can be read both as a part of the story and as a representation of the laborious and often frustrating work through which this story

---

[17] Michael Tondre, "The Interval of Expectation: Delay, Delusion, and the Psychology of Suspense in *Armadale*", in: *English Literary History* 78.3 (2011), 585–608, at 589.

is crafted and brought into shape. In fact, this second reading becomes even more plausible by the additional information that Collins suffered from various health issues and creative setbacks during the composition of *Armadale* – problems which he, like Lydia Gwilt, intermittently attempted to cure by the consumption of laudanum.[18]

What can be extracted from the multiple interpretive activities of the characters participating in the weaving together of the story world represented by Collins's novel is a more general conception of the fictional text as an extended work in progress, a pattern in the making, the wider meaning of which is yet to appear. Indeed, one can say that Collins's novel draws the reader into a huge building site, an experimental field in which various actors contribute to the construction of the textual "work net",[19] or the net of work making up the novel as a composition, a "coming-together" of multiple pieces and threads.[20] Thus conceived, the form of the text exists only by virtue of the skilful practice of "drawing things together", or of making parts into wholes.[21] As a work of fiction it is not a finished, self-contained object, but an open-ended process of writing, reading and sense-making. The work of art represented by the novel is the activity of translating verbal material into ideal forms, or of making out new ways of integrating the local and the global as well as the particular and the general.

In Robert Browning's *The Ring and the Book*, this transition from the material to the ideal as well as from the particular to the general is not only heavily foregrounded.[22] It is also drawn out in a way that makes it almost impossible for anyone to read the text without becoming an active participant in the processes through which its meaning is worked out. Briefly, *The Ring and the Book* is a series of twelve dramatic monologues by various voices, each of which offers a slightly different interpretation of the same Roman murder case. This case is documented in a "square old yellow Book" (*RB* I.33) that Browning discovered, as the speaker of the introductory monologue describes in

---

[18] See John Sutherland, "Introduction", in: Wilkie Collins, *Armadale*, ed. John Sutherland. London: Penguin, 2004, vii–xxxv, at xi–xii.

[19] Latour, *Reassembling* (see fn 13), 143.

[20] Massumi, "Prelude" (see fn 13), X.

[21] See Bruno Latour, "Drawing Things Together", *Representation in Scientific Practice*, eds. Michael Lynch and Steve Woolgar, Cambridge, Mass.: MIT Press, 1990, 19–68.

[22] Robert Browning, *The Ring and the Book*, eds. Thomas J. Collins and Richard D. Altick. Peterborough: Broadview, 2001. All quotations from this edition (*RB*) are given in the text by book and line numbers.

detail, "'Mongst odds and ends of ravage" on a Florentine rummage stall (*RB* I.53). "Here it is, this I toss and take again;/Small-quarto size, part print part manuscript: A book in shape, but really pure crude fact/Secreted from man's life" (*RB* I.84–87). As "a book in shape", the "quarto-sized" assemblage of paperwork from which the complex structure of *The Ring and the Book* has been constructed is both a reading device, a vehicle of sense-making and a piece of raw matter, "pure crude fact". The yellow book, one might say, is an "epistemic thing",[23] "Secreted from man's life" that represents both the secrets of a particular episode in the life of man and the means through which these secrets may be explored. Browning's *Ring*-epic, with its various first-person witness accounts, can thus be seen as a cycle of attempts at reading or interpreting the secret that is embodied by the ramshackle collection of manuscripts, letters and legal papers (most of them in Latin) making up the yellow book.[24]

Yet, as the multi-voiced and plural-minded design of the *Ring*-epic suggests, this process of working ideal meaning out of a material book, as it is enacted by the different speakers of the *Ring*-epic, is not to be seen as one of passive consumption and representation. Rather, the *Ring* that has been made out of the book represents a process of active variation and intervention that blatantly lacks anything like a final shape or a privileged point of view. Indeed, the first speaker famously compares the activity of drawing the *Ring*-epic out of the information represented by the yellow book with the activity of crafting a ring, a piece of jewellery, from a block of gold. Just as an ingot may be of pure gold, this analogy suggests, so the yellow book may contain "absolute truth, Fanciless fact" (*RB* I.143–144). But just as the ring out of the gold, so the truth has to be worked out of the book by means of a creative activity that inevitably mixes itself up with this truth, alloying its purity. Yes, "From the book", the "lingot truth" was "dug", 'Browning' notes in the first chapter (*RB* I.457–9). "Yes; but from something else surpassing that,/Something of mine which, mixed up with the mass,/Made it bear hammer and be firm to file/Fancy with fact is just one fact the more" (*RB* I.461–4). Like the "artificer", in other words, who "mingles gold/With gold's alloy,

---

[23] Hans-Jörg Rheinberger, *Toward a History of Epistemic Things: Synthesizing Proteins in the Test Tube,* Stanford: Stanford University Press, 1997, 28.

[24] For this aspect see Isobel Armstrong, "*The Ring and the Book*: The Uses of Prolixity", in: *The Major Victorian Poets*, ed. Isobel Armstrong, London: Routledge: 1969, 177–198.

and, duly tempering both, effects a manageable mass, then works" (*RB* I.18–21), so the reader-artist has to add something else to the material at hand in order to make any sense or use of it. But what exactly is "this, the something else", the first speaker asks at one point. "What's this [...] which proves good yet seems untrue?" (*RB* I.699–700)

> This that I mixed with truth, motions of mine
> That quickened, made the inertness malleolable [sic]
> O' the gold was not mine,–what's your name for this?
> Are means to the end, themselves in part the end?
> Is fiction which makes fact alive, fact too? (*RB* I.698–705).

As I wish to argue, this "something else" refers to a skilful practice, to "motions of mine", which draw out a field of experimentation between matter and meaning – or between the materials in the yellow book and Browning's *Ring* – in which the writing and reading of literature takes place. My point is that this artful practice, the activity of writing and reading, is an integral part of the published result that is known as *The Ring and the Book*, not something separate from it. More precisely, the process of working with the materials supplied by the yellow book does not simply precede the product that has come out of it. Rather, this process inheres in the very relations and distinctions that make up the pluralistic form of Browning's experimental work. Consequently, the one reading not borne out by this work, I would argue, is a reading that attempts to find a subject in it that matches some preconceived ideal of formal, intellectual or moral completeness and propriety. Instead, the poem demands its readers to "find the grain" of a pattern in formation "and to follow its course while bending it to an evolving purpose".[25] The reader of *The Ring*, in short, has to become an experimenter, a craftsman (or craftswoman), willing to work with the threads and traces of an unsettled composition that (yet) lacks an idea or ground that could stabilise it or hold it together. This is a creative process that Ingold calls "to *follow the materials*".[26] By contrast, readers who expect to find a constellation or theme in *The Ring* that is already finished and known will inevitably be disappointed. The only complete story or structure that Browning's poem represents is the one that the yellow book can be found to represents also. Everything that Browning's writing adds to or makes out of this story is tentative and provisional. The poem therefore enables and challenges

---

[25] Ingold, "Textility of Making"(see fn. 8), 211.
[26] Ibid. 213.

its readers to assemble its possible meanings in a piecemeal fashion that does not necessarily adhere to the ideal logic of a predesigned story. In short, the text asks for readers who are prepared to read it as an experimental arrangement that is open to activities of intervention and re-composition. This does certainly not make the process of reading *The Ring* an experience of entertainment or passive consumption. But it can be both very rewarding and enjoyable, even though the pleasure that one may derive from a reading of Browning's poem is quite specifically what William Morris has described as "man's pleasure in successful labour".[27] In short, if *The Ring and the Book* represents a work of fine (literary) art, then it is one that refuses to be abstracted from the practice through which it is rendered meaningful or made to yield pleasing effects. For Browning's long poem may be classified among a group of texts that Joshua Landy has decribed as "formative fictions", which is to say, as texts "which never force themselves upon us." Rather: "Without our active participation, they will not do their work."[28] On this account, the main function of formative fictions is neither to tell stories nor to communicate predesigned ideas, but to "to fine-tune our mental capacities", as Landy puts it.[29] What they are capable of conveying is not a form of abstract knowledge that can be captured in propositional terms, but a practical experience that may manifest itself in the skill of gaining enjoyment and insight from difficult and demanding work(s).

One way of demonstrating how Browning's formative fiction can be made to work in a productive way is to pursue one or more of the many analogies which suggest patterns of continuity across the different monologues. Take the various instances in which aspects of the murder case are, in one way or another, described through images of catching fish. For example, in Book II, the account of a speaker called Half-Rome, Violante Comparini, the self-proclaimed mother of the girl Pompilia, who is later married and then murdered by a man named Guido, is depicted as a devious fisher-woman, casting about for a fresh catch. "She who had caught one fish, could

---

[27] William Morris, "The Lesser Arts (1877)", in: William Morris, *News from Nowhere and Other Writings*, ed. Clive Wilmer, London: Penguin, 1993, 233–254, at 250.

[28] Joshua Landy, *How to do Things with Fictions*, Oxford: Oxford UP, 2012, 13. As this formulation implies, Landy's approach is self-avowedly indebted to Iser's theory of reading as participation. See Wolfgang Iser, *The Act of Reading: A Theory of Aesthetic Response*, Baltimore: Johns Hopkins UP, 1978.

[29] Ibid., 10.

make that catch/A bigger still in angler's policy", Half-Rome argues, trying to make plausible his claim that Violante's insidious tactics are at the root of the whole murder plot (*RB* II.270–271).

> So with an angler's mercy for the bait,
> Her minnow was set wriggling on its barb
> And tossed to mid-stream; which means, this grown girl
> With the great eyes and bounty of black hair
> And first crisp youth that tempts a jaded taste,
> Was whisked in the way of a certain man, who snapped. (*RB* II.272–277)

Here, the "certain man, who snapped" refers to Guido who is assigned the part of a fish while Pompilia, "this grown girl", is imagined as the bait or "minnow" that Violante sets "wriggling on its barb" and then tosses "to mid-stream" in order to hook Guido into her scheme. This way of using the angler-simile makes Guido appear as the innocent victim who, though active himself ("snapped"), blindly falls prey to Violante's lust for status and wealth. Indeed, Half-Rome subsequently uses the same simile twice more in almost the same fashion, thus reinforcing his interpretation of the case, according to which the Comparini "baited hook/With this poor gilded fly Pompilia-thing,/Then caught the fish, pulled Guido to the shore/And gutted him" (*RB* II.1355–1358).

However, it is only when one comes across the angler-motif again in the monologue of a third speaker, Tertium Quid, that, as a reader, one begins to sense a network of related images that connects the individual accounts. Moreover, when one looks at the uses of the angler-simile more closely, one will notice that each of the speakers grafts the metaphor onto a slightly different context. Tertium, for instance, makes use of the fishery-image in order to describe how the Comparini strove to "wriggle themselves free" of their self-induced relationship to Guido (*RB* IV.707) as soon as they realised that he, though a nobleman, is not as rich as they expected him to be. "They baited their own hook to catch a fish/With this poor worm, failed o' the prize, and then/Sought how to unbait tackle, let worm float/Or sink, amuse the monster while they 'scaped." (*RB* IV.708–711). Guido, in this interpretation of the triangulation is still the fish who is caught by means of a bait, here named as a "poor worm", which refers to Pompilia. Yet, the Comparini no longer appear as the successful fishermen, catching Guido to tie him into their design. They rather give the impression of trapped creatures themselves, accidentally caught up in an entanglement of their own making and now desperately trying to find a way of getting off the hook. As one follows such subtle modifications of emphasis and transformations of meaning within what, on the face of it, looks like the same metaphor, the act of reading turns into a process of continuous recollection and rectification, in the course of which one assembles ever more fragments indicating an evolving design.

Where one begins and how one proceeds to draw out this network of related images is not prescribed by the text. One can continue with the 'fishy' theme, which makes a large number of reappearances in a variety of shapes. Or one may follow the image of Pompilia as "worm", which one will then find to be turning into ever fresh shapes. In one description of a crucial encounter with Guido, for instance, Pompilia is no longer the passive victim at the hands of others. "No! Second misadventure, this worm turned,/I told you: would have slain him on the spot/With his own weapon, but they seized her hands/Leaving her tongue free, as it tolled the knell/ Of Guido's hope so lively late." (*RB* III.1289–1292). As it happens, Pompilia herself, in her own voice, justifies her changing from passive bait into active attacker or protester as a necessary act of defence against a malicious "serpent towering and triumphant", as she puts it – "then/Came all the strength back in a sudden swell,/I did for once see right, do right, give tongue/The adequate protest: for a worm must turn/If it would have its wrong observed by God." (*RB* VII.1588–1593). But of course Guido has a rather different view of who was the malicious one, namely Pompilia: "The worm which wormed its way from skin through flesh/To the bone and there lay biting, did its best,– What, it goes on to scrape at the bone's self/Will wind to inmost marrow and madden me?" (*RB* V.1485–1488). In Guido's view, it is the sly motion of his wife, "the writhings of the bargain", turning into an ever more poisonous worm, gnawing "its way from skin through flesh", that is to be seen as the real "serpent", not himself. "A thousand gnats make up a serpent's sting,/And many sly soft stimulants to wrath/ Compose a formidable wrong at last" (*RB* XI.890–892). This resonates with the account of Half-Rome for whom Guido's wife has been "the snake Pompilia" all along who "writhed transfixed through all her spires", tempting a fellow priest to escape with her (*RB* II.794–795). In fact, a little later, Half-Rome even goes so far as to claim that it is her "Viper-like" quality which made Pompilia so "difficult to slay" that she could live on for three more days after the murderous attack: "Writhes still through every ring of her, poor wretch,/At the Hospital hard by" (*RB* II.1445–1447) – like a worm, incidentally, that had been hacked to pieces. By contrast, The Other Half-Rome, another speaker, argues that Pompilia did not change until "Guido turned the screw too much", provoking his wife to turn against him: "she turned and made attack,/Claimed now divorce from bed and board" (*RB* III.1429; III.1431–2).

To conclude, by following these changes and twists of perspective one can both read and become part of a work in the process of taking form, a work whose contents keep rotating like a kaleidoscope, potentially altering their aspect with every turn of the page. How – in what shape – the social relationship between Browning's people presents itself depends on how one links up the scattered fragments of meaning which are repeated across the individual accounts. To see Pompilia as a worm, for example, can mean to see her either as a device for the execution of Violante's "angler-policy", or as a victim of Guido's lust, or as a poisonous insect (or even a snake) nettling Guido with so many little stings that he is eventually made to run wild. While Browning's writing includes all of these interpretations, it refuses to give authorial preference to one of them. Instead, it "insists that the reader actively and continually participate in the process of judgement" through which relations are qualified and through which distinctions are made.[30] For *The Ring and the Book* represents not a conclusive product, but an open-ended process of sense-making inviting the reader to intervene in, and work along with, it.

---

[30] Vivienne J. Rundle, "'Will you Let them murder me?': Guido and the Reader in *The Ring and the Book*", in: *Victorian Poetry* 27.3/4 (1989), 99–114, at 104.

Works Cited

Armstrong, Isobel (1969). "*The Ring and the Book*: The Uses of Prolixity", in: *The Major Victorian Poets*. Ed. Isobel Armstrong. London: Routledge, 177–198.

Browning, Robert (2001). *The Ring and the Book*. Eds. Thomas J. Collins and Richard D. Altick. Peterborough: Broadview.

Collins, Wilkie (2004). *Armadale*. Ed. John Sutherland. London: Penguin.

Dewey, John (2005). *Art as Experience*. New York: Perigee.

Felski, Rita (2011). "Context Stinks", *New Literary History* 42.4, 573–591.

Gillespie, Neal C. (1990). "Divine Design and the Industrial Revolution: William Paley's Abortive Reform of Natural Theology", *Isis* 81.2, 214–229.

Ingold, Tim (2001). "Beyond Art and Technology: The Anthropology of Skill", in: *Anthropological Perspectives on Technology*. Ed. Michael Brian Schiffer, University of New Mexico Press, 2001, 17–32.

Ingold, Tim (2011). "The Textility of Making", in: Tim Ingold. *Being Alive: Essays on Movement, Knowledge and Description*. London: Routledge, 210–219.

Iser, Wolfgang (1978). *The Act of Reading: A Theory of Aesthetic Response*. Baltimore: Johns Hopkins UP.

Landy, Joshua (2012). *How to do Things with Fictions*. Oxford: Oxford UP, 2012.

Latour, Bruno (1993). *We Have Never Been Modern*. Trans. Catherine Porter. Cambridge, Mass.: Harvard UP.

Latour, Bruno (1999). *Pandora's Hope: Essays on the Reality of Science Studies*. Cambridge, Mass.: Harvard UP.

Latour, Bruno (2005). *Reassembling the Social: An Introduction to Actor-Network Theory*. Oxford: Oxford UP.

Latour, Bruno (1990). "Drawing Things Together", in: *Representation in Scientific Practice*. Eds. Michael Lynch and Steve Woolgar. Cambridge, Mass.: MIT Press, 19–68.

Lüdeke, Roger (2010). "Die Gesellschaft der Literatur: Ästhetische Interaktion und gesellschaftliche Praxis in Bram Stokers *Dracula*", *Jahrbuch der Heinrich-Heine Universität Düsseldorf* 2008/2009, 361–382.

Massumi, Brian (2013). "Prelude", in: Erin Manning. *Always More than One: Individuation's Dance*. Durham: Duke UP, IX–XXIII.

Morris, William (1993). "The Lesser Arts (1877)", in: William Morris, *News from Nowhere and Other Writings*. Ed. Clive Wilmer, London: Penguin, 233–254.

Paley, William (2006). *Natural Theology, or Evidence of the Existence and Attributes of the Deity, collected from the appearances of nature*. Ed. Matthew D. Eddy and David Knight. Oxford: Oxford UP.

Rheinberger, Hans-Jörg (1997). *Toward a History of Epistemic Things: Synthesizing Proteins in the Test Tube*. Stanford: Stanford University Press.

Rundle, Vivienne J. "'Will you Let them murder me?': Guido and the Reader in *The Ring and the Book*", *Victorian Poetry* 27.3/4 (1989), 99–114.

Schmiechen, James A. (1990). "Reconsidering the Factory: Art-Labour, and the Schools of Design in Nineteenth-Century Britain", *Design Issues* 6.2, 58–69.

Staten, Henry. "The Origin of the Work of Art in Material Practice", in: *New Literary History* 43.1 (2012), 43–64.

Sutherland, John (2004). "Introduction", in: Wilkie Collins. *Armadale*. Ed. John Sutherland. London: Penguin, vii–xxxv.

Tondre, Michael (2011). "The Interval of Expectation: Delay, Delusion, and the Psychology of Suspense in *Armadale*", *English Literary History* 78.3 585–608.

Williams, Raymond (1988). *Keywords: A Vocabulary of Culture and Society*. London: Fontana Press.

Zeitz, Lisa M. and Peter Thoms (1991). "Collins's Use of the Strasbourg Clock in: *Armadale*", *Nineteenth Century Literature* 45.4, 495–503.

Aktionistische Stille oder stillgestellte Aktion? Der *Ruhende Verkehr* von Wolf Vostell

Pamela Geldmacher

„Man muss sich beeilen, wenn man noch was sehen will. Alles verschwindet."[1] Paul Cézanne schreibt diese Zeilen kurz vor seinem Tod und meint damit nicht allein den Verlust seiner körperlichen Kräfte, die ihn mehr und mehr verlassen. Vielmehr ist es auch die Vereinnahmung der Natur durch die industriellen und technologischen Neuerungen, die ihn umtreiben. Nur noch auf Verwertbarkeit und Ertragreichtum zielten diese ab und führten darob, so befürchtet er, zu einer Erosion der Dinge.[2] In der Stillstellung, so vermutet er, könnte dahingegen ein Ausweg liegen. Die Stillstellung kleidete Martin Heidegger später in die Worte: „Gerade das Bleibende muß gegen den Fortriß zum Stehen gebracht werden".[3]

Um die Stillstellung von Dingen wird es in diesem Aufsatz gehen und gleichwohl die ihr stets inhärente (*Re-*)Aktivierung. Cézanne und auch Heidegger belebten den Gedanken, die Stillstellung im Kunstwerk über Aspekte der Ereignishaftigkeit und des Präsenten herzustellen und dadurch von einem rein subjektzentrierten Blick zu lösen. Heidegger erkannte in Cézanne einen Gleichgesinnten, dem er 1956 bei seinem Besuch in dessen Heimat Aix-en-Provence nachspürte und sie einmal mehr bestätigt sah, die wesensmäßige Übereinstimmung zwischen Cézannes Malerei und seinem Denken. Beiden ging es um eine Form der Realisation, der Hervorbringung, um ein prozessuales Sichtbarwerden, das die Dinge im Zuge der Wahrnehmung von einer vorgegebenen und festgelegten Gegenständlichkeit befreite.

---

[1] Zit. nach Alexander Huber, *Versuch einer Ankunft: Peter Handkes Ästhetik der Differenz,* Würzburg 2004, S. 290.

[2] Vgl. ebd., S. 290ff. Siehe zudem die Briefkorrespondenz zwischen Cézanne und Emile Bernard in: Emile Bernard, *Erinnerungen an Paul Cézanne,* Basel 1917, S. 27ff.

[3] Martin Heidegger, *Hölderlin und das Wesen der Dichtung,* München 1937, S. 10.

Der Einfluss etwaiger Überlegungen auf die Avantgarden ist hinlänglich bekannt und wurde in den 1960er Jahren durch Happening-, Fluxus- und Performancekünstler nunmehr insoweit zugespitzt, als Aktion, Ereignis und Präsenz zu zentralen Parametern für den Versuch wurden, die Trennlinie zwischen Leben und Kunst mit Hilfe einer breiteren Ansprache an die Öffentlichkeit endgültig zu durchbrechen.

Im Jahr 1961 hatte George Maciunas seiner Kunstzeitschrift den Namen *Fluxus* gegeben, diese jedoch nie veröffentlicht. Stattdessen übertrug Maciunas den Namen auf die mit jener Publikation einhergehende Kunstrichtung. Fluxus, das sich vom lateinischen Verb *fluere*, übersetzt ‚fließend', ‚zerrüttet' oder auch ‚zerfallen', ableitet, stand für ein internationales Künstlernetzwerk, das im Rahmen von gemeinsamen Ausstellungen, Aktionen und insbesondere Konzerten versuchte, den Gattungsbegriff ad absurdum zu führen. George Brecht fasste 1964 zusammen: *„In Fluxus there has never been any attempt to agree on aims or methods; individuals with something unnameable in common have simply naturally coalesced to publish and perform their work."*[4]

Als ‚Neo-Dadaisten' bedienten sich die Künstler ihrer avantgardistischen Wegbereiter, vermengten Literatur, Musik, Performance, Video und Malerei, um eine Relation zwischen, wie Michael Rush es formulierte, „everyday objects and events and art"[5], herzustellen. Anders als beim Happening, das bereits in den 1950ern von Allan Kaprow begründet und in dem das Mit-Tun der Zuschauer stets avisiert worden war, versuchte man beim Fluxus über die Bedeutungsverschiebungen der Alltagsmaterialien Irritationen bei den Betrachtern hervorzurufen (Abb. 1). Deren handelnder Einbezug entstand somit nicht durch explizite Aufforderungen, sondern war Folge spontaner Reaktionen. Diese wiederum wurden beeinflusst von einem spielerischen Hin- und Herpendeln der Künstler zwischen Stillstand und Bewegung, Aktion und Reaktion, dem Manifesten und dem Ephemeren, dem Hervorbringen und Zerstören. Durch die Gleichzeitigkeit der Ereignisse, ihrer Flüchtigkeit und Prozessualität sollte den Wahrnehmenden ein rein materiales Habhaftwerden verwehrt und stattdessen das Wahrnehmen *als* Wahrnehmen thematisch werden.[6]

---

[4] George Brecht, Something about Fluxus, May 1964, in: Hanns Sohm (Hg.), *Happening & Fluxus. Materialien*, Köln 1970, o. S.

[5] Michael Rush, *New Media in Late 20th-Century Art*, London 1999, S. 24.

[6] Vgl. Andrea Barbara Alker, *Das Andere im Selben: Subjektivitätskritik und Kunstphilosophie bei Heidegger und Adorno*, Würzburg 2007, S. 282ff.; Pamela Geldmacher, *Re-Writing Avantgarde: Fortschritt, Utopie, Kollektiv und Partizipation in*

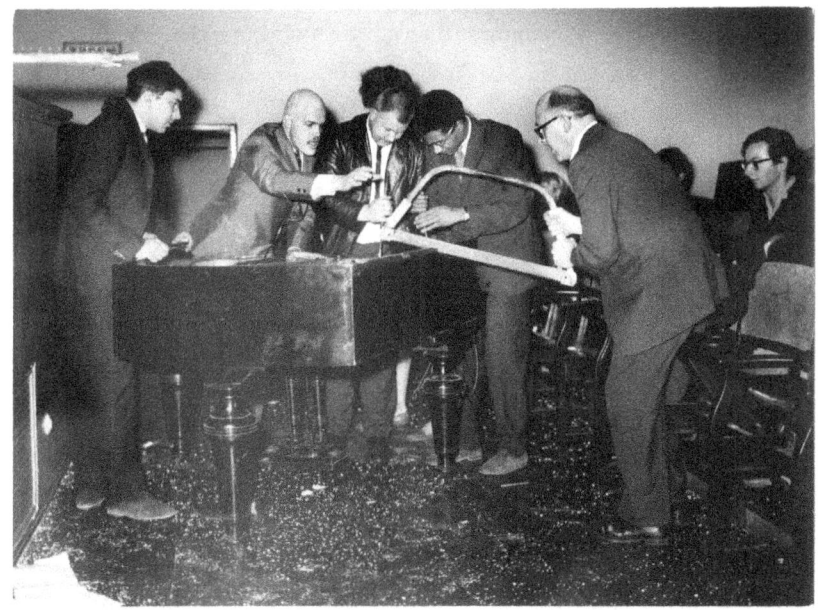

Abb. 1: Hartmut Rekort, Fluxus-Internationale Festspiele Neuester Musik, Stuttgart 1962

    Die über die Aktionen hinausreichenden Erfahrungen und Bewusstseinsvorgänge formierten sich hernach zum produktiven Residuum, zum dynamischen Archiv, das durch die Materialität der Aktionen und dem daraus resultierenden sinnlichen Anfassen und Widerfahren allerdings keineswegs als immateriell zu bezeichnen wäre.

    Für die Fluxus- und Happening-Aktionen waren die dem Alltag entrissenen Materialien maßgeblich, da in ihrer De- und Refunktionalisierung ein zentrales Moment der Leben- und Kunst-Überlagerung liegen sollte, die gleichwohl nicht immer in einem dauerhaft existenten Objekt ihren Abschluss finden musste.

    In seinem Katalog zur Ausstellung *Happening & Fluxus* von 1971, konturierte Hanns Sohm die Methode der Künstler, die einerseits Materialien und deren Umdeutung in den Mittelpunkt stellten, andererseits jedoch die Aktionen nicht ins Museale oder Dokumentarische verlagert wissen wollten. 1970 schrieb Wolf Vostell:

---

der Performance-Kunst, Bielefeld 2015, S. 283; Martin Heidegger, *Der Ursprung des Kunstwerkes,* Stuttgart 2008, S. 57ff.; Alexander Huber: *Versuch einer Ankunft: Peter Handkes Ästhetik der Differenz,* Würzburg 2005, S. 290ff.; Gabriele Knapstein, Art. „Fluxus", in: Hubertus Butin (Hg.), *DuMonts Begriffslexikon zur zeitgenössischen Kunst,* Köln 2006, S. 86ff.; Ulrich Reißer / Norbert Wolf (Hg.), *20. Jahrhundert* II, Kunst-Epochen, Bd. 12, Stuttgart 2003, S. 176.

„Der Happening-Fall-out kommt nicht als Fetisch für immer ins Museum. Lesen Sie Kaprow! Lesen Sie Lebel! Lesen Sie Higgins! Venceremos! [Wir werden siegen]".[7] Was nun aber macht eine solche Aussage mit der Stillstellung? Am Beispiel von Vostells *Ruhendem Verkehr* (1969) lässt sich diese Fragestellung vertiefen (Abb. 2). Am 2. Oktober 1969 parkte der Fluxus-Künstler Wolf Vostell seinen Opel Kapitän L mit dem amtlichen Kennzeichen K-HM 175 in der Kölner Domstraße 81, in der sich zu dieser Zeit die Galerie *Art Intermedia* befand, auf einer zuvor gegossenen Bodenplatte. Er verschalte den Wagen mit Stahlbeton B 300, armierte ihn mit Baustahlmatten und übergoss ihn dann am 6. Oktober ein zweites Mal mit selbiger Betonart. Der aktionistische Arbeitsprozess endete elf Tage nach seinem Beginn mit der Entschalung und dem Aufstellen der Parkuhr neben dem einbetonierten Wagen.[8]

Was in den Jahren darauf folgte, war und ist eine Reise durch die Stadt und über diese hinaus. So wurde die circa 15 Tonnen schwere Aktionsplastik, nach einem Aufenthalt vor der Kunsthalle am Josef-Haubrich-Platz 1974, im Rahmen zweier Retrospektiven an das Musée d'art moderne de la Ville de Paris und an die Neue Nationalgalerie in Berlin ausgeliehen. 1989 erhielt sie dann ihren aktuellen Platz auf der Mittelinsel des Hohenzollernrings, eine der vielbefahrensten Ringstraßen Kölns. 2003 hegte die Kölner Stadtverwaltung konkrete Pläne, die Plastik an ihren ursprünglichen Ort zurückzuführen, in jene Parklücke in der Domstraße. Man erhoffte sich durch die Re-Aktualisierung des Kontextes eine größere Beachtung des Fluxus-Werks. Dies scheiterte nunmehr an der Bezirksvertretung Innenstadt, die bereits zwei Jahre zuvor die Idee abgelehnt hatte, den *Ruhenden Verkehr* in die Bischofsgartenstraße am Museum Ludwig überzusiedeln. Womöglich wollte die klamme Bezirksvertretung nicht auf die Einnahmen der Parkscheingebühr verzichten, die eine dauerhafte Blockierung des Parkplatzes zur Folge gehabt hätte.[9]

---

[7] Wolf Vostell, *Aktionen. Happenings und Demonstrationen seit 1965. Eine Dokumentation,* Reinbek bei Hamburg 1970, S. o. A. (das Buch beinhaltet keine Seitenzahlen).

[8] Vgl. Wolf Vostell, *Happening & Leben,* Neuwied / Berlin 1970, S. 14 f.; *Vostell und andere oder Lippenstifte aus Vietnam* (Deutschland 1969, R: Paul Karalus), 4-minütiger Auszug aus dem Film, Quelle: http://www.youtube.com/watch?v=f8eoazTOCWA vom 13.03.2016.

[9] Vgl. o. A., *Ein Parkplatz fürs Beton-Auto?* Artikel im Kölner Stadt-Anzeiger, erstellt am 29. Januar 2003, Quelle: http://www.ksta.de/koeln-uebersicht/ein-parkplatz-fuers-beton-auto-,16341264,14301284.html vom 13.03.2016.

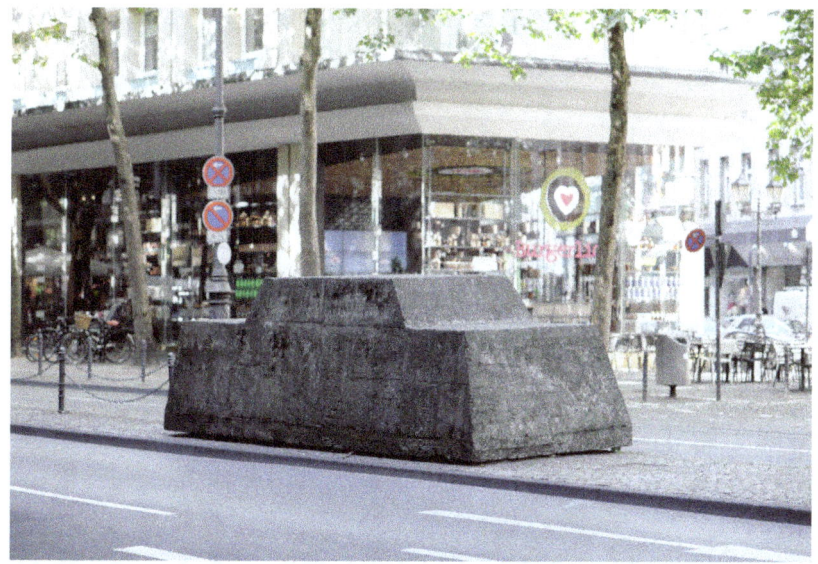

Abb. 2: Wolf Vostell, Aktionsplastik Ruhender Verkehr, 1969

Stillgestanden, im Wortsinne, hat die ins Manifeste übergegangene Aktion demnach lange nicht. Heute erfüllt die Plastik eher praktische Zwecke, so zum Beispiel als erhöhter Stehplatz, wenn sich Tausende von Fans anlässlich des *gamescom city festivals* vor Konzertbühnen versammeln oder die Anhänger des 1. FC Köln eine ihrer Aufstiegsfeiern auf den Ring verlegen.

In Erinnerung bleibt gleichwohl die eigenwillige *Vostell-Betonskulpturübersprühung* des Künstlers Thomas Baumgärtel, der 1993 seine bekannten Bananen auf der Plastik verteilte (Abb. 3). Am helllichten Tag hatte der als ‚Bananensprayer' bekannt gewordene Künstler mit der Arbeit begonnen, war dann jedoch von der Polizei unterbrochen und zum Aufhören angehalten worden. Es mutet im Rückblick absurd an, dass Baumgärtel die Polizisten von der künstlerischen Aktion überzeugen konnte, diese gar mit ihrer Winkerkelle den Verkehr regelten, damit Baumgärtel, vor den fahrenden Autos geschützt, die Besprühung der Aktionsplastik vornehmen konnte. Der Aufschrei kam in der Folge um wenige Stunden verzögert, aber er kam mit Wucht. Städtische Vertreter wie die damalige Kulturdezernentin, ranghohe Mitarbeiter verschiedener Kölner Museen, vor allem Wolf Vostell selbst forderten rechtliche Konsequenzen und die sofortige Wiederherstellung des ursprünglichen Zustands. Baumgärtel wiederum plädierte für

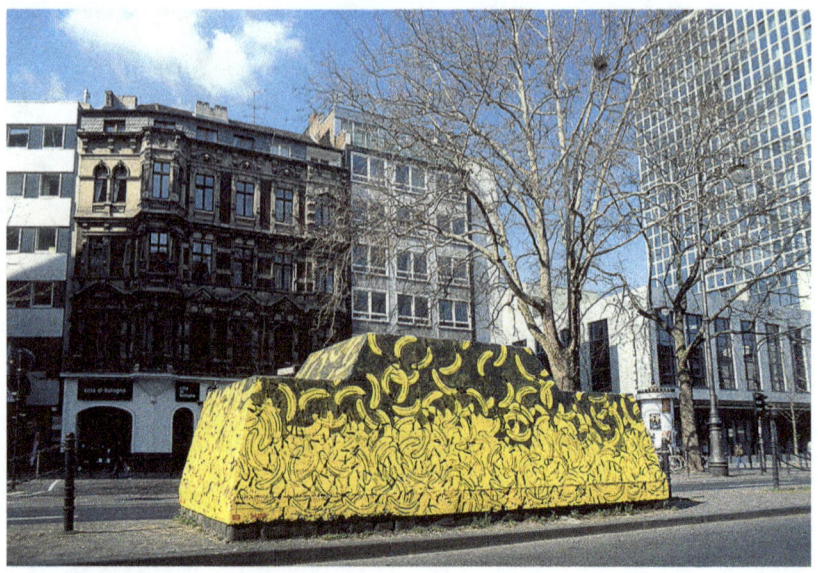

Abb. 3: Thomas Baumgärtel, Übersprühung der Betonskulptur Ruhender Verkehr von Wolf Vostell, 1993

die Aufrechterhaltung des Werks am Werk: „Vostell selbst hatte ja davon gesprochen, dass ‚Denkmäler gesprengt' werden sollten, dass alles was im Still- und Ruhezustand sei, bewegt und verändert, ja, im Sinne des Fluxus, fließen müsse."[10] Kunst wider der musealen und stillgestellten Ordnung, als ein der Wandlung unterworfenes Fluidum: Hatten es die Künstler des Fluxus nicht genau so gefordert? An Vostells eigenem Werk lief diese Zielsetzung gewissermaßen ins Leere. Mit Protestaktionen auf dem *Ruhenden Verkehr* wies der öffentlich diskreditierte Baumgärtel tagelang auf die Freiheit der Kunst hin. Er zeltete auf dem betonierten Auto Vostells und hüllte sich tagsüber in einen gelben, mit Bananen verzierten Mantel, um mit einer Banane in der Hand die in diesem Fall künstlerische Freiheit zu symbolisieren (Abb. 4).

Knapp drei Wochen nach der Aktion war nicht nur die Anklage wegen Sachbeschädigung gegen Baumgärtel erhoben, auch eine neuerliche Reise der Aktionsplastik stand an. Mit einem Schwertransporter wurde der *Ruhende Verkehr* zu einer Firma in den Stadtteil Bocklemünd gebracht, wo das Graffiti per Sandstrahl entfernt und die Plastik in ihren Originalzustand zurückversetzt wurde. Die Aufforderung der Stadtverwaltung Köln, die Transportkosten zu übernehmen, konnte der Rechtsanwalt des

[10] Thomas Baumgärtel, *Telefon-Interview mit der Autorin am 08. Oktober 2014*, Köln., o. S.

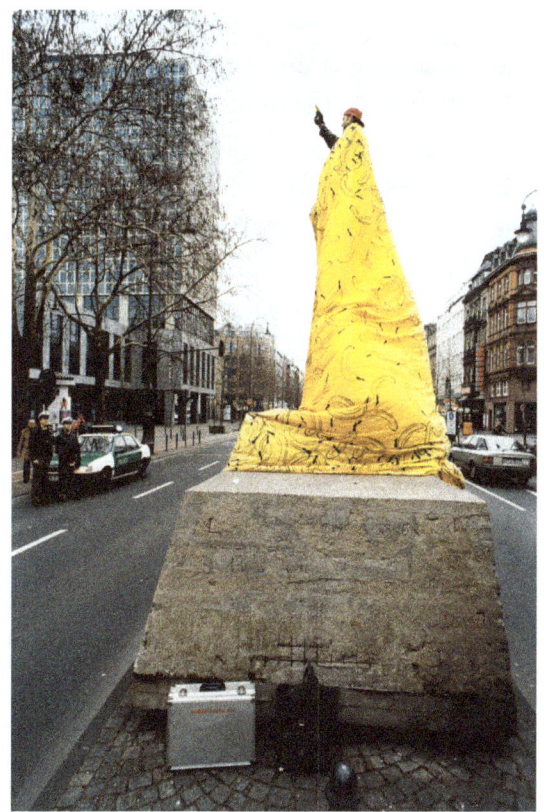

Abb. 4: Thomas Baumgärtel, Aktion zu seiner Vostell-Betonskulpturübersprühung, Hohenzollernring Köln 1993

Künstlers unter anderem mit Hinweis auf die ebenso mögliche Reinigung vor Ort und in der Nacht abwenden. Zudem verwies der Jurist darauf, dass zahlreiche, mitunter auch faschistische Zeichen und Farbschmierereien auf der Plastik deren Originalzustand bereits vor Baumgärtels Aktion signifikant verändert hätten und dennoch folgenlos geblieben waren. Auch wenn die Anklage gegen Baumgärtel am Ende fallengelassen wurde – seine Idee, den Grundgedanken der Fluxus-Bewegung durch die aktive Bearbeitung der Plastik mit Hilfe stetig wechselnder Künstler zeitgemäß aufrechtzuerhalten fand ein jähes Ende. Das Wiederaufleben des aktionistischen Fluxus-Gedankens am Fluxus-Objekt war gescheitert.[11]

---

[11] Vgl. Thomas Baumgärtel, *Telefon-Interview mit der Autorin am 08. Oktober 2014*, Köln, o. S. Darin wies Baumgärtel auch darauf hin, dass bei Graffiti von vorne herein feststehe, dass die Substanz rückstandslos entfernt werden könne. Mit

Was also war und bleibt anno 2015 vom *Ruhenden Verkehr*, so wie Vostell ihn 1969 konzeptioniert hatte? Rücken wir nach dem Blick auf die Baumgärtel'sche Übersprühung die Aktion ‚am' Werk in den Hintergrund und fokussieren die Materialität an sich, so stellt sich die Frage, ob sich Spuren jenes ersten aktionistischen Arbeitsprozesses an der Plastik noch herauslesen lassen? Oder, andersherum gefragt, erkennen wir an ihr nur mehr den Veränderungs- und Zerfallsprozess des verwendeten Materials, so beispielsweise die zunehmende Bemoosung des Betons, die ebenfalls immer wieder entfernt werden muss? „[E]rlischt", wie Marx es formuliert, „der Prozeß im *Produkt*"? Und hat sich dadurch die, „ruhende Eigenschaft, in der Form des Seins, auf Seiten des Produkts" eingestellt, die vormals, „auf Seiten des Arbeiters in der Form der Unruhe erschien"?[12]

Es lässt sich festhalten, dass das von Vostell implizierte „alogische Element", das er in dem „eingefrorenen Auto mitten zwischen den noch verkehrstüchtigen Autos"[13] ausmachte, trotz der Positionierung auf dem Mittelstreifen des stark befahrenen Hohenzollernrings an Brisanz verloren hat. Die Unruhe innerhalb der Plastik versiegt zunehmend, da kein realer Parkplatz mehr belegt wird, der auf die Absurdität einer Stillstellung ‚als' solche im doppelten Sinne verweisen könnte.

Die Aktion Vostells hatte auch deshalb für Aufsehen gesorgt, weil jeder für den Straßenverkehr zuständige Fachbereich einer Stadt Verkehrsverstöße des ruhenden Verkehrs mit Verwarngeldern ahndet. Vostell stellte also nicht nur das ‚liebste Kind der Deutschen' kalt, sondern schuf mit dessen De-Aktivierung ein wuchtiges Gegenbild zum zunehmenden Verkehr, der in Deutschland damals noch mit vielfach positiv konnotierten Errungenschaften wie Mobilität, Wirtschaftswachstum und Fortschrittlichkeit in Verbindung stand.

Indem er Beton benutzte, kritisierte der Künstler laut Wagner, Rübel und Hackenschmidt, die „Brutalität" der Fortschrittseuphorie, auch innerhalb der funktio-

---

einer mutwilligen ‚Zerstörung' des Objekts habe Graffiti deshalb nichts gemein. Festgehalten werden muss gleichwohl, dass sich das Erscheinungsbild der Betonplastik maßgeblich veränderte.

[12] Karl Marx, *Das Kapital. Kritik der politischen Ökonomie. Erster Band, Buch I: Der Produktionsprozess des Kapitals, Druckfassung von 1867 / Hamburg*, hg. v. Internationale Marx-Engels-Stiftung (IMES), Gesamtausgabe (MEGA), Abt. 2, ‚Das Kapital' und Vorarbeiten, Bd. 5, Berlin 1983, S. 132.

[13] Originalaussage Wolf Vostells in: *Vostell und andere oder Lippenstifte aus Vietnam (Deutschland 1969, R: Paul Karalus)*, 4-minütiger Auszug aus dem Film, Quelle: http://www.youtube.com/watch?v=f8eoazTOCWA vom 29.09.2014.

nalistischen Architektur dieser Zeit. Der Beton „enthält die Versprechen kollektiver Utopien und verkörpert zugleich Uniformität".[14] Auf dem Mittelstreifen gerät diese Brutalität trotz der Vielbefahrenheit der Straße nicht mehr in den Blick. Die Stellung bleibt, die Stimme der Stille aber will nicht mehr so recht nach außen dringen.

Es lässt sich abschließend feststellen, dass die von Bedeutung befreite Materialverwendung im Fluxus und Happening mit der eingangs durch Cézanne und Heidegger aufgeworfenen Überlegung zur Stillstellung Verbindungen zulässt. Indem das soziale Handeln, die Aktion, die Verlagerung ins Leben hinzukommen, kann die Ambivalenz zwischen Stillstellung und Fortriss aus Rezipientensicht performativ nachvollzogen werden. Manifestiert sich dieser Akt der Stillstellung wie beim *Ruhenden Verkehr* hernach in einem institutionellen Objekt, müsste dieses wiederum, nehmen wir Vostells anfangs zitierten Ausruf ernst, als fetischisiertes in Verdammung begriffen sein. Jedoch: Vier Jahre nach seinem Angriff auf die museale Gefangennahme gründete Vostell 1974 im spanischen Malpartida de Cáceres sein eigenes Museo de Vostell unter, wie sich im Sinne des Künstlers versteht, gänzlich anderen Vorzeichen. Das Museum sollte und soll als Dokumentations- und Diskussionsort verstanden werden, um das Gespräch über die materialisierte Leben-in-Kunst-Überführung aufrechtzuerhalten. Zu wichtig war Vostell am Ende der über die verwendeten Materialien hinausweisende Radius seiner Aktionen, als dass die Kommunikation darüber versiegen sollte. Jener aktionistischen Auseinandersetzung mit der Aktionsplastik, wie Baumgärtel sie forcierte, wollte er gleichwohl nicht zustimmen, verschrie sie als niveaulosen Kitsch. ‚Siegen' sollte ergo am Ende die Konservierung, das museale Denkmal und damit auch der von ihm beschworene ‚Fetisch'.

Der *Ruhende Verkehr* wird auf dem Mittelstreifen des Kölner Hohenzollernrings nun aber weder museal eingefasst, noch über seine Ursprungsverortung in ein kommunikatives Verhältnis zur Umgebung gesetzt. Die primäre Vostell'sche Drastik läuft damit per se ins Leere. Und das nicht nur, weil der Diskurs teilhabender Zeitzeugen aus demographischen Gründen zum leisen Gemurmel wird. Vielmehr erweist sich die Verlagerung auf jene für Kunst im öffentlichen Raum prominenten ‚Restflächen', wie es Verkehrsinseln oder Mittelstreifen sind, als allzu deiktisch. Jedwede politische

---

[14] Monika Wagner / Dietmar Rübel / Sebastian Hackenschmidt (Hg.), *Lexikon des künstlerischen Materials*, München 2010, S. 39.

Funktion, die dem *Ruhenden Verkehr* am Ursprungsort noch zuteil wurde, ist spätestens damit abhandengekommen. Eingedenk der gesamtstädtischen Veränderung, die Köln seit 2007 sukzessive mit Hilfe des von Albert Speer konzeptionierten städtebaulichen Masterplans zu entwickeln versucht, gerät deshalb einmal mehr die Bezirksvertretung Innenstadt in den Blick.[15] Da eine alternierende aktionistische Wiederbelebung nicht durchsetzbar ist, liegt es nun an der Bezirksvertretung, dem ‚Verschwinden' der Plastik aus dem Wahrnehmungsfeld der Passanten durch eine Rückkehr in die Domstraße 81 Einhalt zu gebieten. Andernfalls lässt sich dem Widerspruch zwischen Stillstellung und ereignishafter Präsenz, der dem *Ruhenden Verkehr* innewohnt(e), kaum mehr adäquate Sichtbarkeit verleihen.

---

[15] Vgl. Jürgen Roters (in Funktion als Oberbürgermeister der Stadt Köln), *Leitlinie Kölner Ringstraßen. Eine Maßnahme des städtebaulichen Masterplans Innenstadt Köln*, Stadt Köln, veröffentlicht am 08.01.2012, Quelle: http://www.masterplan-koeln.de/pool/files/PWRinge_Doku_2012/Leitlinie_Koelner__Ringstrassen_Barrierefrei_08012012.pdf vom 13.03.2016.

Literaturverzeichnis

Alker, Andrea Barbara, *Das Andere im Selben: Subjektivitätskritik und Kunstphilosophie bei Heidegger und Adorno,* Würzburg 2007, S. 282ff.

Baumgärtel, Thomas, *Telefon-Interview mit der Autorin am 08. Oktober 2014,* Köln, o. S.

Bernard, Emile, *Erinnerungen an Paul Cézanne,* Erster Band der Dokumente zur Neueren Kunst, übers. v. Hans Graber, Basel 1917, S. 27ff.

George Brecht, Something about Fluxus, May 1964, in: *Happening & Fluxus. Materialien,* hg. v. Hanns Sohm, Köln 1970, o. S. (das Buch beinhaltet keine Seitenanzahlen).

Geldmacher, Pamela, *Re-Writing Avantgarde: Fortschritt, Utopie, Kollektiv und Partizipation in der Performance-Kunst,* Bielefeld 2015.

Heidegger, Martin, *Hölderlin und das Wesen der Dichtung,* München 1937, S. 10.

Heidegger, Martin, *Der Ursprung des Kunstwerkes,* Stuttgart 2008, S. 57ff.

Huber, Alexander, *Versuch einer Ankunft: Peter Handkes Ästhetik der Differenz,* Würzburg 2004, S. 290ff.

Knapstein, Gabriele, Art. „Fluxus", in: Hubertus Butin (Hg.), *DuMonts Begriffslexikon zur zeitgenössischen Kunst,* Köln 2006, S. 86–90.

Marx, Karl, *Das Kapital. Kritik der politischen Ökonomie. Erster Band, Buch I: Der Produktionsprozess des Kapitals, Druckfassung von 1867 / Hamburg,* hg. v. Internationale Marx-Engels-Stiftung (IMES), Gesamtausgabe (MEGA), Abt. 2, ‚Das Kapital' und Vorarbeiten, Bd. 5, Berlin 1983, S. 132.

O. A., Ein Parkplatz fürs Beton-Auto? Artikel im Kölner Stadt-Anzeiger, erstellt am 29. Januar 2003, Quelle: http://www.ksta.de/koeln-uebersicht/ein-parkplatz-fuers-beton-auto-,16341264,14301284.html vom 13.03.2016.

Reißer, Ulrich / Wolf, Norbert (Hg.), *20. Jahrhundert II,* Kunst-Epochen, Bd. 12, Stuttgart 2003.

Roters, Jürgen (in Funktion als Oberbürgermeister der Stadt Köln), *Leitlinie Kölner Ringstraßen. Eine Maßnahme des städtebaulichen Masterplans Innenstadt Köln*, Stadt Köln, Druck: Barz& Beienburg, veröffentlicht am 08.01.2012. Quelle: http://www.masterplan-koeln.de/pool/files/PWRinge_Doku_2012/Leitlinie_Koelner__Ringstrassen_Barrierefrei_08012012.pdf vom 13.03.2016.

Rush, Michael, *New Media in Late 20th-Century Art*, London 1999.

Sohm, Hanns, Vorwort, in: Hanns Sohm (Hg.), *Happening & Fluxus. Materialien*, Ausstellungskatalog, Köln 1970, o. S. (Buch ohne Seitenzahlen).

Vostell, Wolf, *Aktionen. Happenings und Demonstrationen seit 1965. Eine Dokumentation*, Reinbek bei Hamburg 1970, o. S. (Buch ohne Seitenzahlen).

Vostell, Wolf, *Happening & Leben*, Neuwied / Berlin 1970.

Wagner, Monika / Rübel, Dietmar / Hackenschmidt, Sebastian (Hg.), *Lexikon des künstlerischen Materials*, München 2010.

Abbildungsverzeichnis

Abb. 1) Hartmut Rekort, Fluxus-Internationale Festspiele Neuester Musik, Stuttgart 1962, Staatsgalerie Stuttgart, Archiv Sohm © Foto: Staatsgalerie Stuttgart

Abb. 2) Wolf Vostell, Aktionsplastik Ruhender Verkehr, 1969 (Foto: Carsten Gliese, 2014) © Carsten Gliese

Abb. 3) Thomas Baumgärtel, Übersprühung der Betonskulptur Ruhender Verkehr von Wolf Vostell, Hohenzollernring Köln 1993 (Foto: Archiv Baumgärtel) © VG Bild-Kunst, Bonn

Abb. 4) Thomas Baumgärtel, Aktion zu seiner Vostell-Betonskulpturübersprühung, Hohenzollernring Köln 1993 (Foto: M. Marczok) © Archiv Baumgärtel

Filmverzeichnis

Vostell und andere oder Lippenstifte aus Vietnam (Deutschland 1969, R: Paul Karalus), *4-minütiger Auszug aus dem Film,* Quelle: http://www.youtube.com/watch?v=f8eoazTOCWA vom 13.03.2016.

Die Autoren

Emanuele Coccia

Emanuele Coccia ist Professor an der École des Hautes Études en Sciences Sociales (EHESS) in Paris. Er wurde in Florenz promoviert und war Wissenschaftlicher Mitarbeiter in Philosophie an der Universität Freiburg. Seine Forschungsschwerpunkte liegen auf dem ontologischen Status der Bilder und ihrer normativen Kraft besonders in Mode und Werbung. 2015/16 ist er Fellow an der Columbia University in New York.

Philipp Erchinger

Philipp Erchinger ist Wissenschaftlicher Mitarbeiter am Institut für Anglistik der Heinrich-Heine-Universität Düsseldorf. Er wurde 2007 in Frankfurt promoviert und war von 2010 bis 2012 DFG-Research Fellow an der University of Exeter, UK, wo er seit Oktober 2012 Honorary Fellow am Centre for Victorian Studies ist. Seine Forschungsschwerpunkte sind Poesie, Prosa und Wissenschaftsgeschichte des 19. Jahrhunderts sowie Literaturtheorie und Ästhetik.

Pamela Geldmacher

Pamela Geldmacher, geb. 1979, Dr. phil., Promotion 2014 über das Verhältnis von zeitgenössischen und (neo)-avantgarden Performancepraktiken; studierte Medien- und Kulturwissenschaften an der Heinrich-Heine-Universität Düsseldorf, arbeitet ebendort am Institut für Kunstgeschichte; Arbeitsschwerpunkte u. a. Theorie, Geschichte und Praxis performativer Kunstformen, Medienästhetik, Kunst des 20. und 21. Jahrhunderts, Gender Studies, Utopie und Gegenwärtigkeit, Kollektive und partizipative Strategien in Kunst und Gesellschaft.

Andrea von Hülsen-Esch

Andrea von Hülsen-Esch, Prof. Dr. phil., 1991–2001 wiss. Referentin am Max-Planck-Institut für Geschichte, Göttingen; seit 2001 Professorin für Kunstgeschichte an der Heinrich-Heine-Universität Düsseldorf mit dem Schwerpunkt Mittelalter; seit 2012 Sprecherin des Graduiertenkollegs 1678 „Materialität und Produktion", seit 2014 Prorektorin für Internationales. Forschungsschwerpunkte u. a.: Materialität und Produktion in der Kunst, transdisziplinäre Forschung zu Alter(n)sdarstellungen in der Kunst des Mittelalters und der frühen Neuzeit, Bühnenbilder vom 16. bis 19. Jahrhundert, Geschichte des Kunsthandels sowie Wissenschaftsgeschichte der Kunstgeschichte.

Alain Schnapp

Alain Schnapp, geboren 1946, ist Professor für Archäologie der Universität Paris I und Leiter der Abteilung »Kunstgeschichte und Archäologie«. 1982 Visiting Fellow in Princeton, von 1989–1990 Overseas Fellow am Churchill College in Cambridge und 1996 Getty Scholar, Santa Monica. 2007 war er Fellow am Wissenschaftskolleg zu Berlin.

www.ingramcontent.com/pod-product-compliance
Lightning Source LLC
Chambersburg PA
CBHW070310230526
45470CB00002B/811